AF566513

Denise Biellmann – Die Biografie

DENISE BIELLMANN

Die Biografie

CAMEO

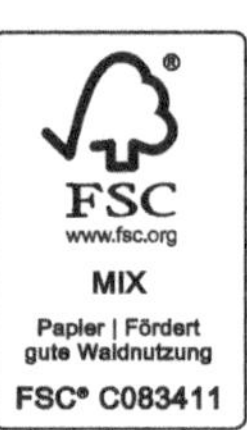

1. Auflage 2022

Der Cameo Verlag wird vom Bundesamt für Kultur für die Jahre 2021–2024 unterstützt.

Aufgezeichnet von: Yvonne Eckert, Zürich
Lektorat: Susanne Schulten, Duisburg
Umschlaggestaltung, Layout und Satz: Cameo Verlag GmbH, Bern
Druck und Bindung: CPI books GmbH, Leck
ISBN: 978-3-03951-011-5

Inhaltsverzeichnis

Für meine liebes Mami
Ich danke Dir von Herzen, dass Du mir den Weg zum Eiskunstlaufen gezeigt und ermöglichst hast

Prolog

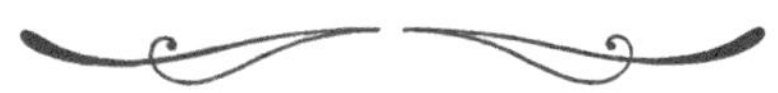

«Ich muss unbedingt nach Hause.» Die Frau am Ticketschalter im Flughafen Göteborg schaut mich fragend an und sagt: «Ihr Rückflug ist aber für einen anderen Tag gebucht.» Ich kämpfe mit den Tränen. Nach dem Wettkampf habe ich das Gesicht gewahrt, bin ins Hotelzimmer zurückgegangen und habe zu packen begonnen. Niemals zuvor habe ich mich so elend gefühlt. Wie konnte das alles nur passieren? Wieso habe ich das Kurzprogramm so verpatzt? Einmal ein Sturz im Sprung, einmal im Schritt. Ich habe mich blamiert, vor der Schweiz, vor der ganzen Welt. Und meine Mutter, die mich sonst meistens zu den Wettkämpfen begleitet, ist nicht mitgekommen. Der Verband hatte gesagt: «Der offizielle Trainer reicht.» Doch wenn es psychisch nicht stimmt, ist das schwierig.

«Ich muss unbedingt nach Hause!» Ich nestle an meinem Kopftuch herum, das ich mir über meine selbstgefärbten orangefarbenen Haare gezogen habe, bevor ich das Taxi zum Flughafen bestellte. «Es ist jemand gestorben.» Die Dame am Ticketschalter schaut nun erst recht skeptisch. «Ich rufe jetzt mal deine Mutter an.»

«Denise!» Ich drehe mich um und sehe meinen Trainer, der die Rolltreppe heruntereilt. Nach meinem überstürzten Abgang beim Wettkampf hatte er mich gesucht. Im Hotel teilte man ihm mit, dass ich ausgecheckt hätte. Drei Leute vom Schweizer

Eislaufverband begleiten ihn. Alle versuchen, mich zu beruhigen. «Du musst dein Gesicht wahren.» Ich könne den Wettkampf nicht einfach so abbrechen, das gäbe eine riesige Geschichte in den Medien, Schlagzeilen in der Boulevardpresse à la: «Die Biellmann reist ab – nur weil sie etwas nicht konnte.» Die Männer überlegen, was zu tun ist. Ich kann nicht zur Kür antreten, das geht psychisch einfach nicht. Um mich zu schützen, schiebt man eine Verletzung vor, eine Zerrung.

Ich bin 17 Jahre alt. Seit ich sieben bin, will ich Weltmeisterin im Eiskunstlaufen werden. Bislang ist alles ziemlich rund gelaufen. Doch hier in Göteborg, an der Europameisterschaft Ende Januar 1980, bricht für mich eine Welt zusammen. Ich erlebe erstmals, wie es sich anfühlt, wenn es nicht läuft.

Es muss etwas passieren, rasch. Denn am 13. Februar beginnen in Lake Placid die Olympischen Winterspiele. Zunächst will ich gar nicht nach Amerika reisen, doch die Leute vom Eislaufverband überreden mich. Ich spreche mit meinem Vater. Er sagt: «Es sind ja nur Spiele, darum heißen sie auch so.» Die Welt drehe sich weiter, ob ich gut fahre oder nicht.

Papis Motivation wirkt. Ich ziehe mich zurück, fahre mit Mami nach Adelboden. Wir wohnen in einem Chalet, ganz für uns. Ich trainiere ausdauernd und verliere dabei auch meinen restlichen Babyspeck. Zudem will ich keine roten Haare mehr tragen. Statt erneut selbst Hand anzulegen, lasse ich sie dieses Mal aber von einem Coiffeur wieder blond färben. In dieser kurzen Zeit in den Bergen vollzieht sich ein riesiger Wandel – auch psychisch. Ich will der Welt eine neue Denise zeigen.

An den Olympischen Spielen begeistere ich mit meiner Kür alle Preisrichter und auch das Publikum – erstmals erhalte ich Standing Ovations. Die Schweizer Presse schreibt: «Kürkönigin Denise legt in Lake Placid einen Traumtanz hin.» Wegen meinem zwölften Platz im Pflichtlaufen verpasse ich zwar trotz Sieg in der Kür die Bronzemedaille, aber: Ich habe der Welt die neue Denise gezeigt.

Biruweten und Seiltanzen – Kindheit

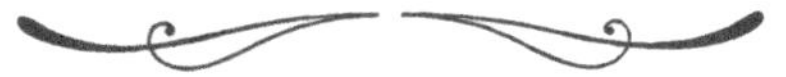

Meine Mutter sagt, ich sei ein komisches Kind gewesen und hätte *Mödeli* gehabt. Vor allem war ich aber extrem scheu. Das zeigte sich auch, als ich mit sieben Jahren vor der Preisverleihung der Europameisterschaft in Zürich auftreten durfte. Meine Mutter hatte den Auftritt im ausverkauften Hallenstadion eingefädelt. Herrn Vögeli, dem Direktor des Stadions, gefiel ihre Idee, die Pause mit einer «herzigen Kleinen» auf dem Eis zu überbrücken. Ich lief unbeschwert meine Kür. Mami sagt, ich sei «schön» gefahren und hätte bereits Sprünge gemacht. Damals konnte ich schon den Doppelten Salchow sowie den Doppelten Lutz. Nach meinem Auftritt sauste ich aber gleich vom Eis. Die Organisatoren schickten mich nochmals hinaus – ich hatte den Knicks vergessen. Das kleine Geschenk, das mir ein Mädchen vom Club darauf überreichte, riss ich wortlos an mich – und düste wieder davon. Eiskunstlaufen machte mir Spaß, das ganze Drumherum war mir jedoch unangenehm.

Zum ersten Mal stand ich mit drei Jahren auf dem Eis, im Dolder. Diese Eisbahn liegt nicht weit entfernt von der 3½-Zimmer-Wohnung in Zürich-Witikon, in der ich aufgewachsen bin. Meine Mutter war selbst eine begeisterte Hobby-Eiskunstläuferin. Sie hat mich und meine ältere Schwester Silvia immer mitgenommen, wenn sie für sich trainierte.

Zuerst bewegte ich mich auf zweikufigen *Rutscherli* übers Eis und schaute interessiert den anderen zu. Mit vier bekam ich dann richtige Schlittschuhe. Diese waren zwar etwas zu groß, aber Mami zog mir einfach zwei Socken übereinander an, damit ich nicht in den Schuhen herumrutschte. Dann flitzte ich zwischen den anderen Läufern herum und suchte mir auf dem Eis ein Plätzchen zum Üben. Das Ganze hat sich spielerisch ergeben. Von Beginn weg fühlte ich mich wohl auf dem Eis. Meine Scheu abseits davon legte sich jedoch nicht. Und so huschte ich jeweils rasch unterhalb des Glasfensters der Kasse durch, damit ich die Frau im Häuschen nicht grüßen musste.

Doch mit den Schlittschuhen an meinen Füßen wurde ich zu einer anderen Person. In einer Ecke des Eisfeldes habe ich für mich Pirouetten geübt, bin umgefallen, wieder aufgestanden und habe weitergemacht. Ich hatte Talent und ich lernte schnell. Manchmal hat mein Vater gefilmt, wenn ich übte, aber ich mochte das nicht. Er machte seine Aufnahmen dann jeweils aus einer gewissen Entfernung, damit ich ihn nicht bemerkte.

Mit sechs Jahren begann ich zu trainieren – mit meiner Mutter. Täglich übte ich zwei Stunden, oft auch Pflichtfiguren, die mir nicht wirklich lagen. Deshalb hat mir Mami manchmal einen Mandarinenschnitz zugesteckt, wenn ich ein *Bögli* schön gefahren war. Mit sieben kamen Lektionen bei Herrn Hügin dazu. Zuerst unterrichtete er mich nur einmal in der Woche. Später ging ich täglich zu ihm ins Training. Meine Mutter war immer dabei und machte sich Notizen. Was sie von ihm lernte, konnte sie danach mit mir üben. Auf eine andere Art hätten meine Eltern mein Training gar nicht finanzieren können.

Schon früh hatte ich klare Vorstellungen davon, was ich auf dem Eis zeigen wollte. Als ich noch nicht richtig schreiben konnte, zeichnete ich bereits meine erste Kür auf. Von der ersten *Biruwete* bis zum *Flugi* hielt ich alles fest. Später habe ich für andere Kinder aus meinem Eislaufclub auch Paarlauf-Küren aufgezeichnet und diese mit ihnen einstudiert.

Ich habe zwar viel Zeit beim Training auf dem Eis verbracht, daneben war ich aber ein ganz normales kleines Mädchen, manchmal gar ein *Luusmeitli*. Im Kindergarten hatte ich meinen ersten Freund. Peter war ein hübscher kleiner Bub, der mich immer mit seinem Dreirad abholte. Wir haben oft zusammen gespielt und planten selbstverständlich, später auch zu heiraten.

Eines Tages schlichen wir uns ins Studio eines Malers in der Nachbarschaft. Damit wir uns Zugang zum Raum verschaffen konnten, hatten wir vorher beobachtet, wo der Mann jeweils seinen Schlüssel versteckte. Nachdem wir so ins Studio gelangt waren, wählten wir eine Farbe aus und malten damit den Boden an. Wir fanden das unglaublich lustig. Doch als wir nach Hause kamen, waren auch wir von Kopf bis Fuß grün bekleckert. Peter bekam *Schimpfis* und Hausarrest. Es war ja nicht ganz ungefährlich – in diesem Malerstudio standen auch Flaschen mit Pinselreiniger herum. Soweit ich mich erinnere, wurde ich wegen unserer Aktion nicht bestraft.

Auch was das Essen anbelangte, ließ mir Mami meine Eigenarten. Ich war sehr wählerisch und aß lange nur ein Menü: Kartoffeln mit etwas Mayonnaise, Kalbfleischwurst, Radieschen und eventuell mal ein *Rüebli*. Obwohl meine Mutter mir das jeden Tag zubereiten musste, habe ich sie trotzdem ständig gefragt: «Was gibt es heute?» Sie gab immer geduldig Antwort, worauf ich gesagt habe: «Mmh, fein!»

1970 hatte ich als Siebenjährige meinen ersten internationalen Wettkampf in Liège. Das Ganze wäre zwar beinahe ins Wasser gefallen, denn ich hatte mir fünf Wochen zuvor den großen Zeh gebrochen. Beim *Fangis* mit meiner Schwester war ich im Wohnzimmer über einen Teppich gestolpert. Der Arzt hat mir darauf das Bein bis zum Knie eingegipst. Als der Gips wegkam, begann ich gleich wieder zu trainieren, mit meiner Mutter. Ich hatte nur noch ein paar Tage Zeit. Auch Silvia, die immer mein Vorbild war, wollte an diesem Wettkampf antreten, deshalb hat auch sie noch etwas mit mir geübt.

Mami sagte ihr, wir würden nur nach Belgien reisen, wenn wir beide dort fahren könnten. Das hat sie sicher motiviert – zusätzlich zu den fünf Franken, die Mami ihr versprach, wenn sie mit mir trainierte. Meine Mutter unterrichtete zu dieser Zeit ein paar Erwachsene und war deshalb auf die Unterstützung ihrer Ältesten angewiesen. Am Schluss gewannen wir beide; Silvia bei den Zehn- bis 14-Jährigen, ich in der Kategorie der Sechs- bis Zehnjährigen.

Wenn ich nicht zur Schule musste und weder Training noch Wettkämpfe anstanden, war ich oft mit Karin unterwegs. Sie war meine Primarschulfreundin. An den Mittwochnachmittagen gingen wir meist zum Kiosk, wo wir *Schlecksachen* kauften. Dann setzten wir uns irgendwo auf das Vordach eines Hauseingangs und verdrückten die Süßigkeiten. Karin bezahlte immer.

Doch natürlich wollte ich mich auch einmal bei meiner Freundin revanchieren und sie «einladen». Eines Tages ergab sich in meinen Augen die günstige Gelegenheit dazu. Die bereits erwachsene Patentochter meines Vaters war zu Besuch, und ihre Handtasche stand unbeobachtet im Flur unserer Wohnung. Ich zögerte nicht lange, fischte rasch ihr Portemonnaie aus der Tasche und nahm eine Hunderter-Note heraus. Als ich später für den ganzen Betrag *Fünfer-Mocken* kauften wollte, wurde die Kioskfrau misstrauisch. Sonst waren wir ja meist nur mit ein paar Münzen in der Hand zu ihr gekommen. Sie rief deshalb meine Mutter an, die sie persönlich kannte – und so flog das Ganze auf.

Manchmal haben wir auch bei Nachbarn geklingelt und sind dann davongerannt. Was Kinder damals halt so gemacht haben. Vis-à-vis vom Haus, in dem ich aufgewachsen bin, hatte ein Mann sein Büro. Einmal warfen wir Dreck durchs offene Fenster in sein Zimmer. Der Mann erhob sich blitzschnell von seinem Stuhl, kam heraus und rannte uns nach – zum Glück holte er uns aber nicht ein. Danach hatte ich immer ein bisschen *Schiss*, wenn ich heimkam. Auch wenn ich mit Mami in die Schule oder aufs Eis ging, hoffte ich immer, dass wir nicht auf ihn trafen.

Mit neun Jahren schickte mich meine Mutter zusätzlich zu den Ballettstunden in den Akrobatik-Unterricht. Ihr war klar, dass dies meine weitere Entwicklung als Eiskunstläuferin fördern würde. Solche Sachen hatte sie sich als Kind, das während des Zweiten Weltkrieges aufgewachsen war, selbst beibringen müssen. Deshalb wollte sie, dass meine Schwester und ich eine richtige Ausbildung in diesen Disziplinen bekamen. Zuvor hatten wir beide uns auch im Kunstturnen versucht. Doch bei einem Salto stürzte ich einmal in den Spalt zwischen dem Minitrampolin und dem Sprungkasten und verletzte mich dabei. Danach war mir das Ganze nicht mehr geheuer und ich wechselte ins ungefährlicher wirkende Akrobatik-Training.

Eigentlich wollte ich damals auch Seiltänzerin werden. Wenn es irgendwo auf einem Spielplatz eine Stange hatte, bin ich darauf herumgeturnt. Im Strandbad Mythenquai hatte es Turnstangen, dort oben habe ich oft den *Flugi* gemacht; ich balancierte auf einem Bein auf der Stange, das andere wie auch meine Arme waren horizontal ausgestreckt. Doch das reichte mir nicht, ich wollte auch zu Hause üben. Dazu sollte meine Mutter eine Schnur zwischen zwei Bäume spannen, Slacklines gab es damals ja noch nicht.

Meine Eltern haben erst richtig realisiert, wie gefährlich mein Herumgeturne manchmal war, als sie ein frisch entwickeltes Foto genauer betrachteten. Eigentlich hatte Mami nur festhalten wollen, wie meine Schwester hinter unserem Wohnhaus die Brücke machte. Doch dann waren da im Hintergrund meine Füße auf der Teppichstange zu sehen … Meine Mutter hatte sich auf die Aufnahme von Silvia konzentriert und gar nicht mitbekommen, dass ich dahinter in der Höhe herumturnte. Diese Aktion verärgerte meine Schwester – in ihren Augen verschandelten meine Füße ihr Foto.

Mein Wunsch, einmal auf einem richtigen Seil tanzen zu können, war riesig. Irgendwann bat ich deshalb meine Mutter: «Mami, frag doch Herrn Knie, ob ich nicht mal bei ihm aufs Seil darf.» Der Zirkus weilte zu dieser Zeit für ein Gastspiel auf dem Sechseläutenplatz. Daraufhin fuhren wir tatsächlich in die Stadt und spazierten ein paarmal um das Zirkuszelt herum. Mami wagte aber nicht, jemanden anzusprechen und meine Bitte zu äußern. Sozusagen als Ersatz haben Silvia und ich danach eine eigene Zirkusveranstaltung organisiert. Natürlich durften dabei auch selbstgezeichnete Einladungen nicht fehlen, die wir in die Briefkästen der Nachbarn steckten. Darauf war zu lesen: «Zirkus hinter dem Haus auf der Wiese. Er wird bei jedem Wetter abgehalten. Es kostet einen Franken. Stühle müssen sie selbst mitnehmen. Sie müssen natürlich nicht, dann können sie einfach nicht sitzen.» Wie man sieht, hatten wir an alles gedacht und nicht nur an unsere Akrobatiknummern …

Weil ich auf dem Dolder nur im Winter trainieren konnte, fuhren wir in den Frühlings- und den Sommerferien jeweils an andere Orte, um dort zu üben. Anfangs ins Trainingslager nach Crans-Montana oder Villars, später mit meiner Mutter nach Adelboden, wo es eine Curlinghalle gab. Im Berner Oberland haben wir jeweils eine Wohnung gemietet, in die wir auch unsere Katze Dixi mitnahmen.

Einmal hatten wir in unserer Unterkunft jedoch «Untermieter», vor denen es mir grauste. Erst kürzlich habe ich die Postkarte gelesen, die ich damals meinem Großvater schrieb und die ihren Weg in eines der Alben meiner Mutter gefunden hat: «Wir haben Silberfischli, die Dixi immer fängt!» ist auf der Karte zu lesen. Doch scheinbar ließ ich mir von den kleinen Tierchen im Bad nicht die Laune verderben, mündete mein Schreiben doch in dem Standard-Satz: «Uns geht es gut.» Herr Hügin, mein langjähriger Trainer, begleitete mich nicht ins

Wallis oder nach Adelboden, deshalb trainierte ich dort bei Jack Rhiner. Obwohl man von dem Übernamen, den wir ihm gegeben hatten, etwas anderes erwarten würde, war «Brummbär» ein guter Motivator.

Ich war sehr talentiert und konnte Dinge, die andere nicht beherrschten. Das stärkte natürlich auch mein Selbstbewusstsein. Mit zehn bestand ich den Goldtest und sprang alle doppelten Sprünge. Damals wurden die Medien auf mich aufmerksam. Sie sollten mich danach über Jahre begleiten. Doch das Training und die Reisen zu Wettkämpfen kosteten Geld. Da kam der Tipp meines Großvaters gerade zum richtigen Zeitpunkt. Er riet meiner Mutter, bei der Migros um ein Stipendium für mich anzufragen. Die Zusage war eine große Erleichterung für meine Eltern, denn der finanzielle Druck war nun für die nächsten drei Jahre etwas geringer. Und ich konnte endlich täglich mit Herrn Hügin trainieren. Mit elf Jahren gewann ich erstmals die Junioren-Schweizermeisterschaften, und im selben Jahr beherrschte ich schon die ersten Dreifach-Sprünge.

Nebst Eislaufen und Schule war ich mit meiner Familie viel draußen in der Natur. Sonntags machten wir oft Ausflüge oder gingen wandern. Mami packte selbstgemachte Brötchen in einen Korb und *Tam-Tam*, die es dann zum Nachtisch gab. Manchmal haben wir auch zusammen Eisenbahn gespielt. Dazu hat mein Vater einen Ast gesucht, den wir alle mit der einen Hand halten mussten; Papi vorne, Mami zuhinterst, dazwischen meine Schwester Silvia und ich. Dann ging's als «Tschu-Tschu»-Bahn weiter. Die Sommerferien verbrachten wir meist in Italien, auf einem Campingplatz an der Adria. Mir hat es dort immer gefallen. Jedes Jahr kamen dieselben Leute nach Cavallino, und man hat sich wiedergetroffen. Ich fand das super, hatte meine *Gspändli* und fühlte mich frei.

Doch es gab auch Momente, in denen ich Zelten nicht so cool fand, beispielsweise in unseren Trainingslagern in Crans-Montana. Auf 1'000 m ü. M. wurde es nachts manchmal richtig kühl. Oft fanden wir unsere Waschlappen am nächsten Morgen gefroren vor … das war mir *Gfrörli* ein zu erfrischender Start in den Tag.

Mami I

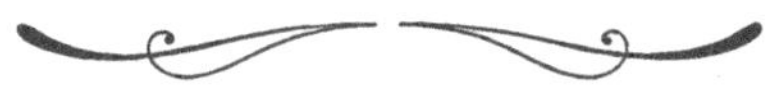

Meine Mutter ist der wichtigste Mensch in meinem Leben. Als Kind war ich total auf sie fixiert und klebte richtiggehend an ihr. Wenn sie wegmusste, schaute ich ihr am Fenster hinterher und drückte dabei meine Nase an die Scheibe. So wartete ich, bis sie wieder auftauchte. Am liebsten wäre mir gewesen, wenn sie abends nach dem Gute-Nacht-Kuss einfach bei mir geblieben wäre. Diese enge Beziehung ist bis heute geblieben. Mami hat ja auch alles für mich getan. Damit meine Eltern meine Trainingsstunden und das Reisen zu den Wettkämpfen finanzieren konnten, arbeitete meine Mutter nachts als Telegrafistin. Oder sie hat morgens um drei Uhr in der Früh Zeitungen im Quartier ausgetragen.

Als ich in der Primarschule war, holte mich Mami am Mittag jeweils mit dem Auto von der Schule ab und wir fuhren zur Eisbahn. Dort haben wir trainiert, und danach brachte sie mich wieder in die Schule. Sie war ja nicht nur meine Mutter, sondern auch meine Trainerin – nebst Herrn Hügin. Und ich war kein Kind, das man einfach «abladen» und nach dem Training wieder abholen konnte. Für mich war wichtig, dass sie dabei war. Wenn sie mal nicht da war, weil sie beispielsweise meine Schwester irgendwohin brachte, schaute ich während des Unterricht bei Herrn Hügin immer zum Eingang der Eisbahn. Ich konnte gar nicht richtig trainieren, wenn Mami nicht da war.

Einmal brachte sie mich morgens zum Zahnarzt und musste dann etwas erledigen. Sie schärfte mir ein, dass ich warten solle, bis sie mich abhole. Nachdem meine Zähne kontrolliert worden waren, ging ich ins Wartezimmer. Durchs Fenster sah ich draußen plötzlich ein Auto, das genauso aussah wie das meiner Eltern. Es fuhr davon. Ich vergaß alles, was mir Mami gesagt hatte, und rannte hinaus, dem Fahrzeug hinterher. In meiner Panik dachte ich, dass meine Mutter mich nicht gesehen hätte und nun ohne mich ins Dolder fahre. Das Auto verschwand um die Ecke und ich streckte entgegen allem, was man uns Kindern beigebracht hatte, meinen Daumen in die Luft. Ein fremder Mann fuhr mich dann zur Eisbahn. Als meine Mutter mich später beim Zahnarzt abholen wollte, war ich nicht mehr da. Sie hatte bange Momente, bis sie mich auf der Eisbahn wiederfand. Damals gab es ja noch keine Mobiltelefone.

Mami organisierte auch früh Ballett- und Akrobatikstunden für meine Schwester und mich. Und sie fand immer wieder neue Orte, wo wir trainieren konnten. Während des Sommers ging sie beispielsweise mit uns zum Schulhaus, wo ein Teil des Pausenplatzes durch ein Dach vor Regen und starker Sonneneinstrahlung geschützt war. Dort übten wir dann Akrobatik, Flickflacks usw. Mami scheute wirklich keine Mühe. Damit wir musikalische Begleitung hatten, die uns bei diesem Training anspornte, schleppte sie jeweils extra das Tonband mit.

Ich trainierte gerne mit ihr, sie war keine überehrgeizige Eislaufmutter. Mami übte auch für sich selbst und wusste, wovon sie sprach. Und sie hat immer dafür gesorgt, dass mir geeignete Eishallen zur Verfügung standen. Bis ich zwölf war, konnten wir nur während der Wintermonate im Dolder trainieren, im Sommer war das Eisfeld geschlossen. Später stand uns dann die

Curlinghalle in Wallisellen zur Verfügung. Diese war jedoch kleiner als eine «normale» Hockeyhalle. Damit ich gute Trainingsbedingungen hatte, musste das Eis zuvor immer frisch aufbereitet werden. In Wallisellen zog man dazu eine kleine Eismaschine eigenhändig über die Fläche. Oft hat meine Mutter dies selbst gemacht, denn der für die Halle zuständige Eismeister war nicht immer anwesend.

Und Mami übte stundenlang Pflichtfiguren, Sprünge und Pirouetten mit mir. Zudem konnte sie meine Fähigkeiten gut aus mir herauskitzeln. Manchmal sagte sie aber auch: «Du, die Pirouette ist etwas spaziert», obwohl ich das Gefühl hatte, sie sei schnell gewesen. Doch dann dachte ich mir: «Nun, dann mache ich sie halt nochmals und drehe noch schneller.» Ich konnte Kritik von ihr immer gut annehmen. Meine Mutter sagt, dass es ihr deshalb auch leichtgefallen sei, mich zu unterrichten.

Anfangs begleitete mich auch nur Mami an Wettkämpfe. Meine Eltern konnten es sich damals noch nicht leisten, meinen Trainer mitzunehmen. Während der Zeit, in der er mich an Wettkämpfen betreute, konnte er ja nicht unterrichten, und dafür mussten sie ihm ein Ausfallhonorar bezahlen. Dank der Unterstützung durch die Schweizer Sporthilfe und den Schweizer Eislaufverband wurde die finanzielle Belastung meiner Eltern später etwas geringer.

Auf dem Eis hat es einfach *gschtumme* – Teenagerzeit I

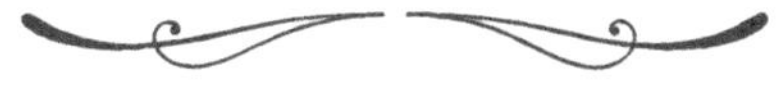

Als ich in die Oberstufe kam, ließ sich mein Training nicht mehr mit einem normalen Stundenplan vereinbaren. Deshalb hat Mami eine Privatlehrerin für mich organisiert, die mich nachmittags unterrichtete. Die beiden vereinbarten einen Spezialpreis, weil meine Eltern sich sonst gar keinen Privatunterricht für mich hätten leisten können. Damals gab es ja noch keine Sportschule. Da Frau Ehrismann viel mehr auf mich eingehen konnte, als wenn ich mit 20 anderen Kindern in einer Klasse gesessen hätte, habe ich auch nicht weniger gelernt als andere Sekundarschüler. Einmal kam meine Lehrerin vorbei, als ich morgens trainierte. Sie war ganz verblüfft, als sie sah, wie aus dem scheuen Mädchen im Unterricht auf dem Eis eine ganz andere Persönlichkeit wurde.

Auf dem Eis hat es einfach *gschtumme*. Als Dreizehnjährige konnte ich bereits alle Dreifach-Sprünge. Damals zeigten diese sonst nur die drei besten Eiskunstläufer weltweit, keine andere Frau konnte das. Zwar wurden Stimmen laut, die besagten, dass ich nach der Pubertät nicht mehr so springen würde wie als Mädchen, doch dem war zum Glück nicht so. Die kleine Curlinghalle in Wallisellen, in der ich trainierte, setzte diesen Sprüngen allerdings einen engen Rahmen. Trotzdem bin ich selbst dort den Dreifachen Lutz gesprungen – das war wirklich Maßarbeit. Das Eisfeld war nicht mit Banden begrenzt, und ich durfte keinen Zentimeter zu weit springen, sonst wäre ich auf den Beton gestürzt, der das Eis umgab.

1976 fuhr ich zum ersten Mal an eine Weltmeisterschaft. Ich freute mich sehr auf Göteborg, weil ich dort einem größeren Publikum zeigen konnte, was in mir steckt. Schon vor dem Wettkampf wurde gefilmt, wohl auch, weil ich die Biellmann-Pirouette, die weltberühmt werden sollte, und den Dreifachen Lutz in meiner Kür hatte. Das gab schon im Training einen Riesenaufruhr. Trotzdem hat damals noch niemand etwas von mir erwartet. Ich konzentrierte mich auf die Technik, war nervlich sehr gut drauf und habe voll angegriffen.

Meine Energie und meine Freude waren fürs Springen ideal, bei der Pflicht waren diese Eigenschaften aber eher hinderlich. Seit 1991 ist Pflichtfahren nicht mehr Bestandteil der Eiskunstlauf-Wettkämpfe – der Entscheid kam für mich zu spät. Mir hat das exakte Linienfahren, das ich langweilig fand, sehr viel abverlangt. In dieser Disziplin habe ich auch nie brilliert, obwohl ich sie täglich bis zu drei Stunden übte. Für mich begann der Wettkampf eigentlich immer erst nach der Pflicht.

Als Dreizehnjährige trat ich erstmals in Russland an einer internationalen Meisterschaft an. Frau Hügin, die Frau meines Trainers, begleitete mich nach Moskau. Mami konnte nicht mitkommen, weil meine Schwester damals den Goldtest machte. Natürlich war das nicht einfach für mich, weil mir meine Vertrauensperson fehlte. Frau Hügin hat mich aber in diesen sechs Tagen sehr gut betreut und mir abends auch immer die Beine eingeölt. Dadurch fühlten sich diese nach dem langen Training auf dem Eis nicht mehr so schwer an.

Doch mein mulmiges Gefühl wegen dem unbekannten Essen konnte Frau Hügin nicht einfach so mit etwas Öl und ein paar Handbewegungen wegwischen. Zum Glück hatte ich mich bereits in der Schweiz gewappnet und eine Tube Mayonnaise in meinen Koffer gepackt. Die Paste war mein Allzweckmittel. Wenn ich Mayo auf etwas gab, was ich nicht mochte, konnte ich es besser essen, es rutschte sozusagen einfacher runter. Ich trug die Tube ständig mit mir herum, auch, als ich nach dem Wettkampf an ein Bankett eingeladen war. Frau Hügin begleitete mich zu diesem Essen. Sie war eine schöne, elegante Frau und wie immer modisch gekleidet. Ich trug weite Schlaghosen, die damals modern waren, und in die eine Hosentasche hatte ich die Tube gesteckt, die so natürlich gut sichtbar war. Doch niemand verlor ein Wort darüber. Irgendwann habe ich die Tube aber verloren, ich nehme an, ich habe sie auf dem Bankett-Tisch liegengelassen. So wurde ich in Moskau nicht nur wegen meiner Pirouette bekannt, sondern auch als «Die mit der Mayonnaise».

Das Essen in anderen Ländern war oft eine Herausforderung für mich. Als ich zu einem Schaulaufen in die DDR eingeladen war, hatte Mami für mich Essen aus der Schweiz eingepackt. Wir wussten ja, dass im Osten gewisse Dinge nicht so einfach erhältlich waren wie bei uns. Daher war ich erstaunt, wie gut für uns Sportler gesorgt wurde. Die Trainingsbedingungen waren viel besser als in der Schweiz; das Eis war perfekt aufbereitet, und in den geheizten Hallen herrschten angenehmen Temperaturen. Zudem erhielten wir immer Obst. Dafür mussten die Menschen in der DDR normalerweise lange vor den Lebensmittelgeschäften anstehen. Mami und ich haben das einmal selbst erlebt. Nach einer Stunde Warten hieß es dann: «Es gibt keine Früchte mehr!»

Mit dem Älterwerden veränderten sich meine Essgewohnheiten zwar etwas, aber ich war diesbezüglich immer noch sehr heikel. So mochte ich beispielsweise lange keine gekochten Speisen. Meine Mutter hat aber immer dafür gesorgt, dass ich gesunde Sachen aß. Wenn sie mich an internationale Wettkämpfe begleitete, ging sie einkaufen und bereitete für mich im Hotelzimmer Salate zu. Dunkles Brot und Nüsse gehörten in unser Gepäck. Damals steckte ich in meiner Rohkost-Phase und aß viel Gemüse. Ich aß, worauf ich Lust hatte, und meine Energie reichte immer – trotz meines einseitigen Ernährungsstils konnte ich meine Leistung erbringen.

In den vielen Porträts, die über mich erstellt wurden, ging man zu dieser Zeit aber nicht groß auf meine Essgewohnheiten ein. Heute wäre das wohl eher ein Thema. Als ich 13 war, produzierte das Schweizer Fernsehen für ein Sportprogramm ein zwanzigminütiges Porträt; ich glaube, die Sendung hieß «Spitzensport». Die Produzenten kam zu uns nach Hause und filmten mich – in meinem Zimmer, mit meiner Schwester, beim Aufstehen und beim Frühstücken am Familientisch. Sie waren mit ihren Kameras dabei, als Silvia und ich ins Dolder fuhren, beim Training auf dem Eis und auch beim Unterricht bei meiner Privatlehrerin, Frau Ehrismann. Danach stand noch Ballett-Training an – auch dort wurde weitergefilmt. Natürlich stellten mir die Journalisten Fragen nach meinen Zielen, und selbstverständlich erwähnte ich den WM-Titel respektive die Olympischen Spiele.

Unbeschwert wie ich damals war, ließ ich die Männer wissen: «Ich finde es schon cool, wenn man über mich in der Zeitung lesen kann, nach einem Sieg beispielsweise, und natürlich fände ich es auch toll, wenn ich bald mal wieder im Fernsehen zu sehen wäre, auf dem Siegerpodest. Das gefällt mir!»

Mein Trainer

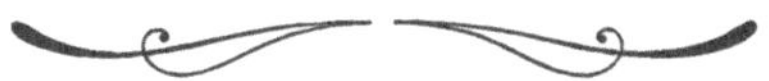

Herr Hügin war mein Fels in der Brandung. Dank seiner ruhigen Art konnte ich bereits als kleines, scheues Mädchen mit ihm trainieren. Er hat nie herumgeschrien, das hätte ich auch nicht ertragen. Mit jemand anderem hätte es wohl gar nicht funktioniert.

Als ich sieben war, schickte mich meine Mutter zum ersten Mal zu ihm. Anfangs trainierte ich nur einmal in der Woche 20 Minuten mit Herrn Hügin, mehr wollte ich nicht. Meine Mutter stand daneben und hat sich beim Pflichtteil Notizen gemacht. Mein Trainer gab ihr Tipps, auf was sie achten sollte. Und Mami hat dann das mit mir geübt, was er ihr gezeigt hat.

Bei Herrn Hügin lernte ich die Gerschwiler-Technik. Diese haben die beiden Brüder Jack und Arnold entwickelt, die selbst Eisläufer waren. Für mich war diese Technik, nach der auch heute noch unterrichtet wird, perfekt. Herr Hügin analysierte sie bis ins Detail und entwickelte sie auch weiter. Er war ein hervorragender Techniker, bei dem ich enorm viel gelernt habe.

Für mich war wichtig, dass Herr Hügin so ruhig war. Es war aber auch wichtig, dass ich mit Mami weitertrainieren konnte. Den Dreifachen Lutz haben wir beispielsweise geübt, wenn Herr Hügin im Restaurant im Dolder zu Mittag gegessen hat. Er wollte nicht, dass ich den Sprung zu früh mache. Meine Mutter meinte aber: «Wenn du andere Dinge machst als deine

Konkurrentinnen, dann hast du einen Vorteil.» Sie hatte das Attraktive im Kopf – und er lehrte mich eine Super-Technik. Für mich war das Zusammenspiel der beiden ideal.

Herr Hügin sagte mir nicht nur, was ich üben musste, sondern er hat mich auch immer genau beobachtet. Vieles habe ich intuitiv richtig gemacht, doch er wollte, dass ich mir diese Bewegungsabläufe auch bewusst machte. Er musste mich nie antreiben. Natürlich kam es mal vor, dass mir Sprünge plötzlich nicht mehr so gut gelangen, aber er war kein Trainer, der deswegen ausgeflippt wäre. Höchstens hat er mal Sprünge für mein Empfinden etwas lange erklärt. Dann wurde ich unruhig und wollte loslegen. In diesen Wartezeiten kühlten meine Beine auch etwas aus, und deshalb schüttelte ich sie jeweils nach einer gewissen Zeit, damit Herr Hügin merkte, dass ich weitermachen wollte. Zeitweise habe ich ihm nicht aufmerksam zugehört. Ich habe ja gespürt, wie es geht. Einmal wollte er von mir wissen: «Was denkst du, wenn du von doppelt auf dreifach springst?» – «Ich drehe einfach einmal mehr», lautete meine Antwort. Für mich war das wirklich so. Alles war eine Art Spiel.

Mein Trainer war ein angenehmer Mensch mit trockenem Humor. Seine ruhige Art war natürlich auch bei Wettkämpfen ideal. Früher durfte bei solchen Anlässen nur eine Person an der Bande stehen, und das war der offizielle Trainer. Herr Hügins souveräne Art hat mir immer sehr geholfen. Ich merkte ihm seine Aufregung bei Wettkämpfen nur an, wenn ich ihn vor meinem Auftritt um Wasser bat. Seine leicht zitternde Hand, mit der er mir den Becher überreichte, war dann das einzige Anzeichen von Nervosität bei ihm.

Bis zu meinem Weltmeistertitel war Herr Hügin mein Trainer. Als mir 1981 in Hartford die Goldmedaille umgehängt wurde, erhielt er als Trainer für seine Leistung ein Goldenes Eisen vom ISU, dem internationalen Dachverband für Eiskunstlauf. Später, zur Zeit meiner Profi-Wettkämpfe, brauchte ich keinen offiziellen Trainer mehr. Ich wusste, was ich üben musste, und meine Mutter war weiterhin als mein Coach dabei. Der Kontakt zu Herrn Hügin ist trotzdem geblieben. Mein ehemaliger Trainer schrieb auch Lehrbücher und erstellte Videos dazu – über die Abläufe von Sprüngen, zur Technik usw. Er hat mich immer mal wieder angefragt, wenn er an einem Buch schrieb, oder ich fragte ihn, wenn ich einen Tipp brauchte.

Zu seinen Geburtstag lud er jeweils seine ehemaligen Schülerinnen und Schüler ein. Wir haben dann gemeinsam im Dolder Waldhaus gegessen, das war Tradition. Auch seinen 99. haben wir noch zusammen gefeiert – auf der Eisbahn, mit Luftballons. Zwar hat er am Schluss nicht mehr so gut gesehen, aber er war bis ins hohe Alter geistig fit. Herr Hügin war so ein feiner Mensch, mit seinem verschmitzten Lächeln, seinem Mantel und seinem Pelzhut – so waren die Trainer früher gekleidet. Heute trägt man Daunenjacken und Skihosen, um sich vor der Kälte in den Eishallen zu schützen. Als ich bereits selbst unterrichtete, ist er manchmal vorbeigekommen und hat mir Tipps gegeben: «Das Fußgelenk.» – «Weisch, dass de Schueh besser lauft.» Ja, ja, ich weiß.

Irgendwann hat er mir auch das Du angeboten, aber ich konnte ihn nicht mit «Otto» ansprechen. Er war einfach Herr Hügin, eine Respektsperson.

Internationale Wettkämpfe und Zimmerpartys – Teenagerzeit II

Wenn ich zu internationalen Wettkämpfen reiste, war es mir wichtig, dass ich meine Ruhe hatte. Kontakte zu anderen Eiskunstläuferinnen waren für mich erst möglich, wenn ich Pflicht und Kür absolviert hatte. Vor dem Wettkampf war ich völlig auf mein Programm fokussiert, und während dieser Tage gab es nichts anderes für mich. Das zog ich immer so durch, auch meinen dazugehörigen Ernährungsstil. Die Delegierten des Schweizer Eislaufverbandes hätten es zwar gern gesehen, wenn ich mit den anderen Läuferinnen gegessen hätte, aber diese kannten meine Essgewohnheiten und respektierten sie auch.

Bei internationalen Wettkämpfen haben die Läuferinnen selten miteinander gesprochen, in den Garderoben war es immer sehr ruhig. Am Tag des Wettkampfes war ich immer sehr nervös und deswegen auch etwas zickig – selbst meiner Mutter gegenüber. Danach war alles wieder normal. Doch es blieb sowieso kaum Zeit, die ausländischen Läuferinnen richtig kennenzulernen. An Europameisterschaften oder Weltmeisterschaften fanden zwar nach den Wettkämpfen manchmal Zimmerpartys statt. Durch heimlich zugesteckte Zettel, worauf eine Zimmernummer stand, wurde man darüber informiert, oder jemand flüsterte einem die Zimmernummer zu. Da ich noch sehr jung war, schaute ich meist nur kurz bei solchen Partys vorbei. Diese Welt mit lauter Musik, die aus einem Kassettenrekorder kam, und alkoholischen Getränken war mir damals fremd.

An den Schweizermeisterschaften Elite habe ich anfangs nicht gewonnen, ich weiß nicht, weshalb ich dort oft nicht so gut gelaufen bin. Vielleicht dachten die Preisrichter auch, dass ich noch etwas jung sei, und haben sich in den Bewertungen zurückgehalten, darüber kann ich heute nur spekulieren. Das Verhältnis unter uns Läuferinnen war aber gut. Ich hatte nicht das Gefühl, dass andere mich um meine Leistungen beneidet hätten. Sie wussten aus den gemeinsamen Trainings, dass ich sehr gut war, und einige sahen mich auch als Vorbild.

International war ich in der Kür meist Erste oder Zweite, seit ich 14 Jahre alt war, und erhielt dafür die Kleine Gold- oder Silbermedaille. So auch in Helsinki, wo 1977 die Europameisterschaft stattfand. Während des Wettkampfs hieß es immer, das Publikum sei kühl und mache nicht mit. Doch bei meiner Kür tauten die Menschen auf. Ich begeisterte sie mit dreifachen Sprüngen, die andere Läuferinnen nicht in ihrem Programm hatten, und zeigte zweimal die Biellmann-Pirouette. Für den Schlussteil hatte ich temporeiche Musik gewählt, und das Publikum klatschte mit.

Beim Schaulaufen, an dem nur die Besten teilnehmen durften, geschah das noch einmal. Ich hatte zuerst eine klassische Nummer gezeigt und danach eine etwas lustigere. Als Zugabe zog ich mir ein *Gilet* über, das mit einem Donald-Duck-Sujet bedruckt war, und tanzte zu einem Musikstück, welches die Comic-Figur quakte. Den sonst eher reserviert wirkenden Finnen gefiel mein Programm und sie kürten mich zu ihrem Publikumsliebling.

In Helsinki habe ich beim Schaulaufen in der Zugabe auch Bauchwellen gezeigt, die ich in meinen Akrobatik-Stunden gelernt hatte. Doch der schweizerische Eislaufverband sah das nicht gerne und befand, ich solle die Bauchwelle weglassen, sie sei ja kein Eiskunstlaufelement. Dem Publikum hat es aber gefallen, weil niemand sonst solche Sachen machte.

Ich war ein unbekümmerter Teenager und zog oft einfach mein Ding durch. So auch in Wien, als ich beim Einlaufen zur Kür an der WM statt dem Outfit meines Sponsors die Jacke einer Konkurrenzfirma trug, die ich selbst gekauft hatte. Ich fand sie einfach cooler. Doch das Einlaufen wurde live im Fernsehen übertragen, die ganze Welt konnte also meinen Fauxpas sehen. Der Sponsor war natürlich verärgert, mein Tun hatte aber keine Konsequenzen. Ich erhielt weiterhin Kleidung von diesem Unternehmen.

Auf dem Eis brach ich mit alten Mustern, sei es mit neuen Elementen, moderner Musik oder ungewöhnlichen Outfits. Als Teenager rebellierte ich aber nur im Kleinen. So habe ich zum Beispiel mit 13 Jahren heimlich meine erste Zigarette geraucht. Und wenn ich mit meinem *Töffli* unterwegs war, trug ich den Helm nur, bis ich die erste Kurve hinter mich gebracht hatte – danach konnten mich meine Eltern von zu Hause aus nicht mehr sehen. Ich war ein ganz normales junges Mädchen, das manchmal Dampf ablassen musste oder Dinge machte, von denen es wusste, dass es sie eigentlich nicht tun sollte.

Mit 14 oder 15 lernte ich Irène im Dolder kennen. Sie sprach mich beim Training an und fragte, ob ich auch mal mitkommen wolle zu ihren Kolleginnen und Kollegen. Ihre Clique traf sich immer im «Galerie», einem Café-Restaurant in Zürich-Witikon. Bald war ich ein fester Bestandteil der Clique, zu der auch Corinne, Daniela und ein paar Jungs aus Witikon gehörten.

Neben dem Eislauftraining und dem Privatunterricht habe ich viel mit dieser Clique unternommen. Das Verhältnis der Mädchen untereinander war enger, wir haben uns immer zuerst bei jemandem zu Hause getroffen. Bevor wir mit unseren *Töfflis* zusammen ins «Galerie» gefahren sind, haben wir noch etwas gequatscht. Um den Jungs zu imponieren, nahm ich manchmal den Ghettoblaster mit und ließ Musik laufen, während sie Fußball spielten.

Aber das alles war für heutige Verhältnisse sehr harmlos. Wenn wir uns nicht im «Galerie» trafen – meist auf eine *Ovi* – gingen wir in den Jugendtreff in Witikon. Das war ja die Zeit von «Saturday Night Fever», dem Kult-Tanzfilm mit John Travolta. Einmal habe ich mit den Girls einen Tanz zur Filmmusik einstudiert. Am Nachmittag übten wir ihn, und am Abend führten wir das Ganze voller Euphorie in der Disco auf. Ohne Kostüme – wir wollten die Jungs einfach etwas beeindrucken.

Musik war immer sehr wichtig für mich, sie motiviert mich auch heute noch sehr. Die verschiedenen Rhythmen haben mich beim Training jeweils in die richtige Stimmung gebracht. Die entsprechende Auswahl für meine Küren habe ich meist selbst getroffen. Samstags sah ich mir die Sendung «Disco» an, die von Ilija Richter moderiert wurde. Vor dem Fernseher platzierte ich das Aufnahmegerät und produzierte so meine Trainingskassette, die ich dann beim Üben abspielte. In der Eishalle konnten sich so auch die anderen Läuferinnen über die coole Musik freuen, nicht nur ich.

Damals durfte ich gar zwei sehr bekannte Bands persönlich kennenlernen. Für eine Fernsehshow konnte ich zu Musik von Abba auftreten, die Aufnahmen dazu fanden in Leysin im Kanton Waadt statt. Nach der Aufzeichnung fürs Fernsehen veranstalteten die Künstler im Hotel eine private Pool-Party. Ich habe mit großen Augen zugeschaut, wie die Sänger von «Abba» und «Boney M.» ins Wasser sprangen und sich amüsierten. Auch der damalige Teenie-Star Leif Garrett feierte mit. Ich war völlig fasziniert.

Mit 14 Jahren war ich das erste Mal in Japan. Bereits zwei Wochen vor den Weltmeisterschaften flog ich mit Mami nach Tokio, um dort zu trainieren. Wir durften in einem sehr schönen Hotel übernachten, zudem wurde jeder Läuferin auch ein Dolmetscher zur Seite gestellt, der uns überallhin begleitete. Und weil ich auch in Japan meist im Hotelzimmer aß, brachte der Dolmetscher meine Mutter an Orte, wo sie für mich Lebensmittel einkaufen konnte. Nachdem der Wettkampf zu Ende gegangen war, durften wir mit ihm auch noch etwas im Land herumreisen. Wir besuchten verschiedenste Sehenswürdigkeiten, so auch die bekannten Tempel in Kyoto, und im Zug hat mir der Mann beigebracht, auf Japanisch zu zählen. Als eher scheuer Mensch mochte ich die zurückhaltende Art der Menschen dort.

An die Eishallen musste ich mich aber zunächst gewöhnen, denn sie waren ganz anders als bei uns. An eine erinnere ich mich besonders gut, weil sie ganz in Orange getaucht und überall mit Spiegeln bestückt war. Die Weltmeisterschaft selbst fand gar in einem Schwimmbad mit Sprungturm statt. Statt vom Sprungbrett ins Wasser zu hüpfen, sprang ich dort den Doppelten Axel und den Dreifachen Lutz. Man hatte die Halle aufgrund ihrer Größe ausgewählt, damit möglichst viele Menschen den Wettkampf vor Ort mitverfolgen konnten.

Das Eis war extra für uns angelegt geworden, doch seine Beschaffenheit war nicht ideal. Es ähnelte Natureis auf einem See und wies daher viele kleine Linien auf. Diese Linien verwirrten uns Läuferinnen beim Pflichtfahren. Bei dieser Disziplin war es äußerst wichtig, dass man seine Spur im Eis erkennen konnte, aber wegen der erwähnten Linien war das kaum möglich. Der internationale Eislaufverband wies die Verantwortlichen mehrmals darauf hin und bat darum, die Linien zu entfernen. Die Japaner nickten – aber das Eis blieb bis zum Ende des Wettkampfes dasselbe. Während meines Trainings wurde ich auch gefilmt. Doch ich staunte nicht schlecht, als im nächsten Jahr in Kanada alle japanischen Läuferinnen dieselben Anläufe für die Dreifachsprünge machten, mit denen ich mich auf diese vorbereitet hatte.

1979 kürte man mich erstmals zur Schweizer Sportlerin des Jahres. Doch im selben Jahr absolvierte ich in Magglingen «den schlechtesten Konditionstest». So bezeichnete es der Sportkommentator, als er dies während meiner Kür an den Olympischen Winterspielen live vor einem Millionenpublikum erwähnte.

Im Juni zuvor hatten wir auf der Leichtathletikbahn des bekannten Sportzentrums draußen zum Zwölf-Minuten-Lauf antreten müssen. Wegen meiner Pollenallergie konnte ich aber nicht richtig atmen und wurde deswegen immer langsamer. Ein Delegierter des Eislaufverbandes meinte, ich wolle mich vor dem Lauf drücken, und ein Trainer versuchte sogar, mich trotz meiner Atembeschwerden anzutreiben. Irgendwann konnte ich nicht mehr und brach mit einem heftigen Asthma-Anfall zusammen. Zum Glück war ein Arzt vor Ort, der mich sofort behandeln konnte.

Asthma

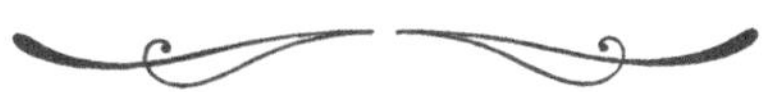

Bereits als ich ein kleines Kind war, lösten Staub, Holz und vor allem Pollen Allergien bei mir aus. In den Monaten Juni und Juli war die Belastung am größten, die zirkulierenden Gräserpollen riefen im schlimmsten Fall sogar asthmatische Anfälle hervor, wie beispielsweise in Magglingen. Wenn ich nicht mehr richtig atmen konnte, verschrieb mir der Hausarzt Medikamente, um die Entzündung in meinen Bronchien zu bekämpfen. Damals gab es allerdings noch keine Cortison-Sprays, die ich heute drei bis vier Wochen vor der akuten Pollenbelastung anwende, damit sich meine Bronchien gar nicht erst entzünden können.

Bis ich mit etwa 25 Jahren die richtige Therapie erhielt, war das Training für mich im Sommer manchmal eine richtige Qual. Ich habe sehr unter diesen Atemproblemen gelitten. Wenn ich in der Eishalle Anlauf nahm, um einen Sprung hinzulegen, reichte mein Atem öfters nicht bis zum Absprung, und ich musste abbrechen. Bei uns zu Hause kam ich zu solchen Zeiten kaum mehr die Treppe hoch. Dieses Engegefühl in der Brust löste Angst aus. Zudem mangelte es mir in diesen Zeiten auch an Energie. Als Teenager ging ich deshalb oft nicht nach draußen, aber am schlimmsten war es im Training. Ein paarmal mussten meine Eltern deswegen einen Arzt rufen.

Ein Auftritt in Davos, zu dem mich die Lungenliga eingeladen hatte, brachte dann viel später die richtige Therapie für mein medizinisches Problem. Beim Abendessen nach meinem Showprogramm kam ich mit dem damaligen Präsidenten, einem Arzt, auf das Asthma zu sprechen und wie sich diese Krankheit bei mir auswirkte. Doktor Anderhub sagte mir damals, es gäbe neue Sprays zum Inhalieren, die Cortison enthielten und die man präventiv anwenden könne. Wir vereinbarten einen Termin in seiner Praxis, und nach einem ausführlichen Check erklärte er mir, wie ich den Spray am wirksamsten anwenden konnte. Seither helfen diese Sprays mir zuverlässig über die Zeit hinweg, in der mein Heuschnupfen sehr ausgeprägt ist. Mittlerweile sind ein paar Allergien verschwunden respektive äußern sich nicht mehr so stark wie früher. Heute kämpfe ich eigentlich nur noch gegen die Gräserpollen, von Mitte Juni bis Ende August.

Doch manchmal verlängert sich diese Phase. Einmal traten die Symptome im September auf – während einer Tournee durch Deutschland. In einer Apotheke erhielt ich den eigentlich rezeptpflichtigen Spray ohne ein Schreiben meines Arztes, denn der Apothekerin war klar, dass ich mit diesen Atemproblemen nicht würde auftreten können.

In den Anfängen der Profi-Wettkämpfe hatte ich einmal sogar mitten im Winter in New York einen Asthmaanfall. Es war eine sehr stressige Zeit damals, ich war oft mit dem Flugzeug unterwegs und hatte viele Auftritte. Als ich zusätzlich der massiv abgasbelasteten Luft dieser Großstadt ausgesetzt war, entzündeten sich meine Bronchien sehr schnell. Ich hatte zwar bereits damals einen Notfallspray, aber der half nicht gegen die Entzündung. Auf dem Heimflug habe ich deswegen sehr gelitten.

Königliche Ehren und meine Leibspeise – Teenagerzeit III

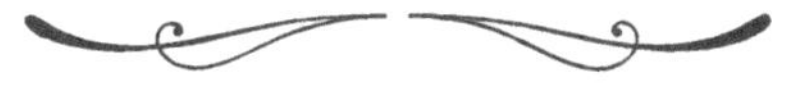

An den verschiedenen Wettkämpfen und Schaulaufen, die ich im Alter von 13 bis 16 Jahren bestritt, habe ich immer wieder sehr spezielle Momente erlebt, darunter auch zwei königliche Begegnungen. Die erste fand mit der Queen statt, bei einem Schaulaufen in London. Weil Elizabeth II. in diesem Jahr ihr Silberjubiläum feierte, war sie zu der Show eingeladen worden. Von ihrer Loge aus verfolgte die Königin unser Programm. Viele Top-Eisläufer trauten sich nicht, einen Dreifach-Sprung zu machen, weil sie nicht vor der Queen stürzen wollten. Ich ließ mich deswegen aber nicht irritieren und wagte einige dreifache Sprünge, die ich alle stand.

Nach dem Finale mussten wir ein wenig warten. Dann wurde ein roter Teppich für die Königin ausgerollt. Sie kam herunter aufs Eis, begrüßte uns alle und wechselte mit jeder und jedem ein paar Worte. Als ich an der Reihe war, vergaß ich mal wieder den Knicks. Doch Elizabeth ließ sich nichts anmerken, äußerste höflich ein paar Worte darüber, wie sehr ihr meine Kür gefallen habe, und ging dann weiter.

In Den Haag verhalf mir der Sieg in einem internationalen Kürwettkampf zu einer weiteren königlichen Begegnung. Beim Enja Challenge Cup wurde nämlich jeweils eine neu gezüchtete Tulpe nach der Gewinnerin benannt. Einen Strauß dieser Denise-Biellmann-Tulpen überreichte mir 1978 keine Geringere als die damalige holländische Königin Juliana. Was sie zu mir gesagt hat, weiß ich nicht mehr, an die Schlagzeile im «Blick» erinnere ich mich aber noch: «Wie im Märchen.» Doch das Leben war nicht nur wie im Märchen. Je bekannter ich wurde, umso mehr wuchs auch der Druck, immer die beste Leistung abzuliefern – und die Presse war ständig präsent.

Um mit diesem Druck umgehen zu können, brauchte es zusätzlich zur Freude und zum harten Training auch mentale Stärke. Diese erwarb ich als 15-Jährige mit dem Alpha-Training. Die Mutter von Brigitte Riesen, einer anderen Eiskunstläuferin, hatte uns einen Privatkurs bei Frau Friebe geschenkt, die auf Tiefenpsychologie spezialisiert ist. Mir hat ihr Visualisierungstraining sehr geholfen. Dadurch lernte ich, wie man sich mental auf einen Sieg einstimmen kann.

Ich bin aber auch sehr dankbar dafür, dass ich meine Clique hatte. Wir verbrachten eine coole Zeit miteinander, und das Zusammensein mit den anderen hat mir geholfen, Stress abzubauen. Sonst war ich ja meist allein, auf dem Eis, während des Konditionstrainings und in der Schule. Ich trainierte hart und viel, aber ich war auch ein Teenager, der Zeit mit Gleichaltrigen verbringen wollte. Dieser Ausgleich war ebenfalls wichtig für meinen Erfolg. Sonst wäre das Ganze vielleicht zu verbissen geworden. Zusammen mit meinen Freunden ging ich in die Disco und an Konzerte. In der Clique haben wir auch selten übers Eiskunstlaufen gesprochen – dort war ich einfach «Denise».

Auch das Ritual, dass ich mit Mirjam pflegte, war wichtig für mich. Ich habe sie mit 17 auf dem Dolder kennengelernt. Sie kam aber nur zum Spaß auf die Eisbahn und lief dort ihre Runden. Irgendwann sprach sie mich an, als ich nebenan trainierte.

Das war unser erster Kontakt. Unsere Freundschaft hat über all die Jahre hinweg gehalten, auch wenn wir uns mittlerweile nur noch alle zwei Monate sehen.

Doch zurück zu unserem Ritual. Nach dem Training fuhr ich immer mit meinem Puch Maxi in die Stadt hinunter. Dort traf ich mich mit Mirjam im «Grand Café» am Limmatquai, wo ich immer ein *Birchermüesli* mit einer Doppelportion Rahm bestellte, meine Leibspeise. Nach dem Cafébesuch rauchte ich meist eine Zigarette. Manchmal gingen wir dann noch flippern, aber um acht Uhr war ich immer daheim.

Ich habe zwei Seiten. Ich kann sehr diszipliniert und streng mit mir sein, ich kann aber auch switchen. Es kommt einfach darauf an, dass man im richtigen Moment das Richtige tut. Im Winter ging ich fast nie aus, weil dann mehr Wettkämpfe stattfanden. Einmal ging ich aber doch in die Disco. Am nächsten Tag trainierte ich auf dem Dolder, und alle dreifachen Sprünge klappten, obwohl ich müde war. Die Nacht, in der ich mich auf der Tanzfläche ausgelebt hatte, hatte mich im wahrsten Sinne des Wortes beflügelt. Wenn man jung ist, schafft man so etwas locker.

Natürlich wäre ich niemals vor einem Wettkampf tanzen gegangen, aber wenn man nie seine unbeschwerte Seite auslebt, ist das schade. Nachdem man eine schöne Zeit mit Freunden verbracht hat, entstehen aus solchen Momenten ja auch wieder gute Leistungen.

Die leidige Pflicht

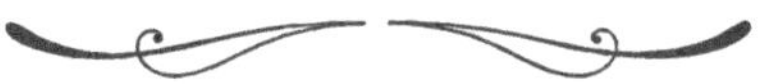

Früher war die Disziplin, in der vorgegebene Figuren möglichst exakt überdeckt werden müssen, Bestandteil der Wettkämpfe. Diejenigen Läuferinnen, die eher über einen ruhigen Charakter verfügten, waren in der Pflicht meist im Vorteil. Ich Wirbelwind, der auf dem Eis am liebsten mit Vollgas draufloslief, hatte jedoch Mühe damit. Wie froh wäre ich gewesen, wenn die Disziplin bereits zu meinen Zeiten abgeschafft worden wäre.

Für das Pflichtfahren benötigten wir Schlittschuhe, deren Eisen eigens für diese Disziplin geschliffen wurden. Zudem musste ich zu den Trainings immer einen speziellen Zirkel mitnehmen. Im Prinzip funktionierte er wie derjenige, den man auch im Geometrieunterricht verwendete, nur dass er größer war, statt einer Mine über eine scharfe Spitze und viel längere ausziehbare Schenkel verfügte.

Grundlage aller Pflichtfiguren war ein Kreis, den man in der Mitte jeweils schließen musste. Seinen Radius musste man entsprechend der eigenen Körpergröße einstellen, d. h. auf Körpergröße mal 1.5. Danach konnte man den Kreis aufs Eis übertragen und diesen mit den Kufen so genau wie möglich nachfahren. Das nannte man «Überdecken». Beim Kreis fuhr man den Bogen zunächst rechts herum, dann links herum. Die vorgegebene Figur musste man verschiedene Male nachfahren, sie also wiederholt überdecken. Die dabei entstandene Spur sollte aber nur wenige Millimeter breit sein. Doch es ging nicht nur ums Bogenfahren – man musste dabei verschiedene Drehungen machen, zum Beispiel mit einem Kantenwechsel im Höhepunkt der Drehung. Alles musste exakt stimmen. Sonst gab es Abzüge bei der Bewertung. Es war wie Geometrie auf dem Eis.

Wir mussten die Kreise auch rückwärts fahren oder Schlangenbogen machen, alles auf einem Bein. Jedes Detail musste passen. Die Preisrichter hatten eine Art großes Lineal dabei, mit dem sie alles abmaßen, auch mit Schritten. Sie maßen nach, ob beispielsweise beide Kreise gleich groß waren respektive ob Mitte oder Tangenten der Kreise exakt stimmten.

Stundenlang haben wir das geübt. Jede Läuferin bekam auf dem Eisfeld einen Patch zugeteilt, einen kleinen Bereich, worauf sie die Pflichtfiguren trainieren konnte. Waren zum Beispiel 20 Läuferinnen anwesend, musste das Feld entsprechend aufgeteilt werden. Zudem war frischgeputztes Eis nötig, damit wir die Linien sahen, die wir überdecken mussten. Wie bereits erwähnt, fand ich dieses exakte Fahren nicht sehr anregend. Statt stundenlang Figuren zu fahren, wäre ich viel lieber gesprungen oder zu mitreißender Musik gelaufen. Aber nein, Geduld und Genauigkeit waren gefragt.

Das Pflichtfahren war immer schon meine größte Herausforderung gewesen. Bereits als kleines Mädchen musste ich stundenlang *Bögli* fahren, meine Mutter hatte manchmal Mitleid mit mir. Erschwerend kam hinzu, dass wir damals auch bei schlechtem Wetter auf der Dolder-Eisbahn übten. Bei Regen konnte man die Spuren im Eis jeweils kaum erkennen, ich sah also nicht, wo ich überdecken sollte. Deshalb nahm meine Mutter Halma-Spielfiguren mit zum Training, wenn Regen drohte, und platzierte diese auf dem Eis. Damit markierte sie dann den Mittelpunkt des Kreises oder die Anfangs- und Endpunkte einer Tangente. Dank ihres Improvisationstalents hatte ich gewisse Anhaltspunkte, wo ich fahren musste, und war nicht völlig im Blindflug unterwegs.

Auch der Wind forderte mich beim Training. Wenn er blies, musste man viel stärker abstoßen, um genügend Schwung für das Überdecken der ganzen Figur zu haben.

Bei Wettkämpfen fand das Pflichtfahren ohne Publikum statt – dessen Anwesenheit für mich sehr wichtig war. Das Gefühl zu haben, dass man die Leute mit seiner Darbietung mitreißen konnte, hat mich immer motiviert. Man hätte beim Pflichtlaufen wohl schon zuschauen dürfen, aber soweit ich mich erinnere, tauchten außer Eiskunstläufern, Trainern und Preisrichtern kaum jemals andere Menschen auf. Der Wettbewerb fand quasi in einer leeren Halle statt und zog sich über Stunden hin. Wir Eiskunstläuferinnen musste jeweils drei verschiedene Pflichtfiguren fahren, die uns am Abend zuvor per Losentscheid zugeteilt wurden. Dann absolvierten zunächst alle den ersten Durchgang, dann folgte der zweite und schlussendlich der dritte. Es war eine sehr langwierige Geschichte.

Zum Pflichtfahren gab es unterschiedliche Meinungen. Das Kantenfahren werde so verbessert, sagten die einen, die anderen befanden, dass die Pflicht die Kreativität der Läuferinnen unterdrücke. In einem Interview habe ich einmal gesagt: «Ich bin wohl zu impulsiv für diese sturen Figuren.» Das Pflichtfahren habe ich relativ emotionslos geübt. Wenn ich im Training ein paar Mal überdeckt hatte – vorgegeben waren entweder drei oder sechs Wiederholungen – lief ich aus. Ich verließ die Spur der Pflichtfigur und machte rasch einen Sprung, vielleicht einen Axel. Und wenn ich mich unbeobachtet fühlte, blödelte ich mit meiner Kollegin Bettina herum, obwohl diese weit entfernt auf einem anderen Patch auf dem Eisfeld übte. Hinter dem Rücken des Trainers haben wir schnell ein bisschen getanzt, meistens allerdings bemerkte er das. Danach wurden wir wie schnatternde Mädchen im Schulzimmer noch weiter voneinander weg platziert, damit wir keinen Blödsinn mehr machen konnten.

Irgendwann habe ich jedoch realisiert: «Wenn du gewinnen willst, muss du auch in der Pflicht gut sein.» Ich habe mich zusammengerissen, mehr Zeit fürs Pflichttraining aufgewendet und pflichtbewusster geübt. Manchmal hat mich auch Jack Gerschwiler in dieser Disziplin gecoacht – trotz seines Alters war er der beste Pflichttrainer der Welt.

Und ich wollte mich nicht mehr mit der Kleinen Goldmedaille begnügen. Ich wollte den Gesamtsieg.

Übernachten in der Zelle – Olympische Winterspiele Lake Placid

Die Unterkunft in Lake Placid war eine der seltsamsten, die ich jemals gesehen habe. Die Organisatoren der Olympischen Winterspiele brachten uns 1980 nämlich in einem Gefängnis unter, das erst kurz zuvor fertiggestellt worden war. Alle Sportlerinnen und Sportler wohnten in diesem Gebäude, bevor knapp ein Jahr später Häftlinge darin ihre Strafe absitzen sollten. Pro Person gab es eine Zelle mit einem Bett und einem Lavabo. Wie man sich vorstellen kann, war es dunkel in diesen kleinen Räumen mit den kleinen Fenstern. Zudem war etwas mit der Heizung nicht in Ordnung – in unserem Trakt herrschten eisige Temperaturen.

Während unseres Aufenthalts konnte dieses Problem nicht behoben werden, und so schlief ich mit Mütze und Handschuhen. Doch wir Schweizer waren froh, dass es uns nicht wie dem deutschen Team erging. Im dortigen Trakt lief die Heizung nämlich auf Hochtouren, und die überhitzten Räume bescherten den Athleten schlaflose Nächte.

Die Zellen jedes Trakts umringten den Gemeinschaftsraum des jeweiligen Landes, aber alle Nationen aßen am selben Ort, in einer Art Selbstbedienungsrestaurant. Man konnte essen, was man wollte, es war wie im Schlaraffenland. Ich aber musste auf meine Figur achten. Deshalb frühstückte ich nur vor meinen Wettkämpfen und aß danach meist nur noch *Minvitin-Guetzli.*

Sieben bis zehn dieser *Guetzli* aus der Apotheke ergeben eine Mahlzeit. Trotzdem verbrachte ich Zeit im olympischen Restaurant, weil mir gefiel, dass ich dort andere Sportler treffen konnte. Sie zu sehen, kurz «Hello!» zu sagen ... das war schon cool.

Die anderen schauten sich die Wettkämpfe auch im Fernsehen an, und ich realisierte, dass sie wussten: Ich war diejenige, die auf dem Eis so gute Leistungen brachte. Wenn ich Zeit hatte, verfolgte ich andere Disziplinen teilweise auch live, zum Beispiel das Skispringen.

Die amerikanische Presse spekulierte in dieser Zeit über eine angebliche Liebesgeschichte zwischen mir und einem Eishockeyspieler. David Silk fand mich toll und war ganze zwei Wochen hinter mir her, wie man so schön sagt. Die Zeitungen zitierten ihn dann mit «She wouldn't give me a tumble», also, dass ich ihn nicht beachtet habe. Ich erinnere mich nicht wirklich an diesen Sportler, der scheinbar auch mit mir tanzen gehen wollte. Das alles weiß ich nur aus den damaligen Zeitungsberichten über mich. Meine Mutter hat sie während meiner ganzen Karriere gesammelt und fein säuberlich in Alben geklebt. Mittlerweile gibt es 53 davon.

In Lake Placid baggerten mich auch Eiskunstläufer an, aber die Avancen anderer Sportler interessierten mich nicht. Einzig Eric Heiden beeindruckte mich – zugegebenermaßen sah er auch wirklich gut aus. Dieser Eisschnellläufer hat überall gewonnen und war in den 1980er-Jahren ein Teenie-Star. Und ich fand es cool, dass ich ihn jeweils beim Essen im olympischen Restaurant sehen konnte.

Natürlich habe ich auch in Lake Placid immer diszipliniert geübt und mein Konditionstraining gemacht, draußen bei eisiger Kälte. Doch nachdem das Kurzprogramm super gelaufen war, musste ich rasch ausbrechen – zusammen mit Silvia Brunner. Die Eisschnellläuferin hatte ihren Wettkampf schon hinter sich gebracht. Deshalb saß sie wohl auch am Steuer eines *Schneetöffs*, die man dort mieten konnte wie bei uns im Sommer *Pedalos* auf dem Zürichsee. Und mit diesem *Schneetöff* sind wir dann über den gefrorenen See in der Nähe des olympischen Dorfes gefräst.

Natürlich wussten wir, dass das nicht in Ordnung war und dass der schweizerische Eislaufverband das nie erlaubt hätte, aber genau deswegen hat dieses kleine Abenteuer noch viel mehr Spaß gemacht. So konnte ich vor meinem Wettkampf etwas den Kopf lüften. Sonst wäre ich nur verkrampft im in meiner Zelle gesessen und hätte gedacht: «Morgen muss ich die Kür laufen.»

Das machte ich gern: ausbrechen, etwas tun, das nicht konform ist. Wenn es niemand weiß – umso besser. Auch die Presse hat von unserem kleinen Ausflug damals nichts mitbekommen. Und ich habe in der Kür und im Kurzprogramm, das einen Tag vorher stattfand, gesiegt. Wie so oft machte mir aber die Pflicht einen Strich durch die Rechnung, und ich landete in der Gesamtwertung auf dem undankbaren vierten Platz. Immerhin konnte ich danach am Selbstbedienungsbuffet zuschlagen und genehmigte mir gleich eine doppelte Portion Hamburger und Kuchen.

Übrigens war ich in Lake Placid die Erste, die zu moderner Musik gefahren ist. Im Vorfeld hatten mir zwar alle davon abgeraten, denn man wusste, dass die meisten Preisrichter schon älter waren. Doch ich habe mich durchgesetzt, gegen meinen Trainer und den schweizerischen Eislaufverband. Ich hatte einfach das Gefühl, das kommt gut so.

Die extra für dieses Ereignis angefertigten Uniformen habe ich alle weggegeben. Ich wollte schon damals keine Kleider anziehen, denen man ansah, dass ich an den Olympischen Spielen teilgenommen hatte – mit Abzeichen und so. Ich hatte das Gefühl, das sähe prahlerisch aus. Bei einem Fernsehinterview in Lake Placid trug ich anstelle der offiziellen Kleidung einen Pulli, den die Mutter meiner Freundin Brigitte gestrickt hatte. Der schweizerische Eislaufverband und das Olympische Komitee sahen das natürlich nicht gerne. Mami meinte, sie seien deswegen pikiert gewesen. Als wir in die Schweiz zurückkehrten, trug ich auch nicht den offiziellen Mantel des schweizerischen Olympia-Teams. Mich hat das einfach nicht interessiert. Ich wollte Kleider anziehen, in denen ich mich wohlfühlte.

Nach Lake Placid, wo ich nach meiner Kür Standing Ovations bekam, war ich weltweit bekannt. Ich wurde nicht mehr nur vom Schweizer Fernsehen eingeladen, sondern öfters auch nach Deutschland – wegen meiner Erfolge, und wohl auch, weil ich jung und spontan war. Zudem habe ich meist mitgemacht, wenn die Fernsehleute mir etwas vorschlugen. So demonstrierte ich im ZDF-Sportstudio beispielsweise die Biellmann-Pirouette – sozusagen auf dem Trockenen. Die Bemerkung des Moderators, meine Mutter habe sich sicher gefreut, dass ich an den Olympischen Spielen so erfolgreich gewesen sei, quittierte ich mit einem «Ja, mein Vater auch!». Ich habe halt einfach gesagt, was ich dachte.

Heute kann ich über gewisse Geschichten von früher lachen, damals war mir aber nicht immer wohl dabei. So haben mich «Blick»-Journalisten einmal dazu überredet, mich und meine Clique in die Disco begleiten zu dürfen. Sie wollten ein paar Fotos von mir und meinem damaligen Freund Patrick machen. Rick, wie wir ihn nannten, war auch einer aus der Clique. Danach druckte die Zeitung Fotos, die uns küssend auf der Tanzfläche zeigten, und darunter war zu lesen: «So schmuste Denise Biellmann.» Wie peinlich. Ich erinnere mich, dass ich mit Brigitte in den Skiferien in St. Moritz war, als die Fotos publik wurden. Wir sind dann ins Hallenbad gegangen, weil ich hoffte, dass man mich mit Badekappe nicht erkennt.

Nach Lake Placid erhielt ich einen Brief, der aus meiner üblichen Fanpost herausstach. Das Papier war mit einem sehr eleganten Briefkopf bedruckt – eine Schreibmaschine, in die ein Notenblatt eingespannt war. In diesem Schreiben gratulierte mir Udo Jürgens zu meiner Kür an den Olympischen Winterspielen. Doch der Entertainer hatte die Glückwünsche nicht etwa von seiner Sekretärin auf einer Schreibmaschine tippen lassen, sondern den Brief selbst von Hand geschrieben. Dass mir dieser berühmte Musiker zu meinen Erfolgen gratulierte, schmeichelte mir. In seinem Schreiben lud mich Udo zudem ein, mit ihm den «Zirkus Knie» zu besuchen. Ich freute mich über sein Angebot und willigte gerne ein. Über unseren gemeinsamen «Auftritt» wurde danach viel geschrieben, das meisten davon war aus der Luft gegriffen. Für die Presse war die angebliche Affäre zwischen der jungen «Eisprinzessin» und dem Sänger natürlich ein gefundenes Fressen.

Vor der «Knie»-Premiere holte mich Udo zu Hause in Zürich-Witikon ab. Als sein Chauffeur mit der Limousine vor dem

Mehrfamilienhaus parkierte, rief der Sänger an. Er hatte bereits damals ein portables Telefon in seinem Wagen. Mami war so perplex, dass sie ihn mit «Herr Gürgens» statt mit «Jürgens» ansprach. Statt mit meinem *Töffli* fuhr ich also in einer weißen Limousine in die Stadt, als Outfit hatte ich einen weißen Overall gewählt. Als wir beim Sechseläutenplatz aus dem Wagen stiegen und zum Zirkuszelt spazierten, hielt der Entertainer meine Hand.

Natürlich wurde all dies in den Medien ausgeschlachtet. Schon während der Vorstellung spürte ich die vielen Blicke, die auf uns gerichtet waren. Danach gingen Udo und ich gemeinsam mit dem Musiker Pepe Lienhard und seiner damaligen Partnerin zum Essen in die «Kronenhalle». Als ich auf die Toilette gehen wollte, trat mir ein Fotograf in den Weg, den ich kannte, und sagte zu mir: «Denise, pass auf!»

Nach dem Essen wollte ich auch bald nach Hause. Ich hatte mich zwar über die Einladung gefreut, fühlte mich als 17-Jährige in der Gesellschaft der um einiges älteren Herren aber nicht so richtig wohl. Udo brachte mich daraufhin gentlemanlike in seiner Limousine nach Witikon und begleitete mich bis zur Tür. Tags darauf stand im «Blick», dass ich für Udo Jürgens schwärmen würde und dass der 45-Jährige, «verheiratet, zwei Kinder, wieder mal nicht Nein sagen konnte». Ins selbe Horn blies die deutsche «Bild»-Zeitung.

Der Entertainer hat mich immer mal wieder zu seinen Konzerten eingeladen. Beim ersten Mal begleitete mich eine Freundin. Wir durften in der ersten Reihe sitzen. Das war schon toll und hat mir sehr imponiert. Später hat Udo noch ein paarmal angerufen. Auch die Presse hat immer mal wieder Geschichten über uns zusammengereimt und spekuliert. Der Sänger bekam anscheinend auch viele Briefe von Leuten, die ihn aufforderten, seine Finger von mir zu lassen, wie er mir mal erzählt hat.

Uns verband über viele Jahre eine Freundschaft, nicht mehr, obwohl ich noch heute in Deutschland manchmal als eine seiner Ex-Freundinnen bezeichnet werde. Der Sänger und ich sind im Verlauf unserer Karrieren einige Male aufeinandergetroffen. Als ich zur «schönsten Sportlerin des Jahres» gewählt wurde, musste mir natürlich Udo die Blumen überreichen. Auch bei Art on Ice begegneten wir uns später wieder; er spielte Klavier und sang, während ich mein Programm fuhr.

Die Biellmann-Pirouette

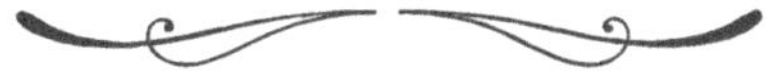

Mit elf Jahren habe ich die Pirouette, die später zu meinem Markenzeichen wurde, erstmals gezeigt. International vorgeführt habe ich sie aber erst an der Weltmeisterschaft in Göteborg 1976. Von da weg hat das Publikum bei den Wettkämpfen immer darauf gewartet, dass ich die Biellmann-Pirouette zeige. Wenn sie realisierten, dass ich dazu ansetzte, meinen Körper zu biegen begann und den Schlittschuh zum Kopf zog, begannen die Zuschauer bereits zu jubeln. Ihre Freude übertrug sich auch auf mich. Adrenalin flutete meinen Körper und ließ mich mein Bein leichter hochziehen. Diese Begeisterung hat nie aufgehört, ob an Wettkämpfen oder während Shows. Sobald ich meinen Arm zum Schlittschuh hinbewegte, begann das Publikum zu toben – in Amerika, in Japan oder auch in Europa. Die Freude der Menschen hat mir immer geholfen, diese anstrengende Figur durchzuziehen

Zuerst fasse ich mit der linken Hand den Fuß respektive das Eisen meines Schlittschuhs. In der Drehung ziehe ich den Fuß an meinen Kopf, und dann kommt der andere Arm hinzu. Ich bewege diesen nach hinten. Um auch die Finger meiner rechten Hand ans Eisen zu bringen, während mein Rücken schon völlig durchgebogen ist, muss ich mich sehr anstrengen. Danach mein linkes Bein in den Spagat hochzuziehen fühlt sich wie eine Art Erlösung an.

Diesen erlösenden Moment rasch zu erreichen, schnell zu machen, war für mich immer wichtig. Je länger ich brauche, um in diese Position zu kommen, umso schwieriger wird die Ausführung der Pirouette. Ich versuche meinen Kopf völlig freizumachen und denke nur ganz schematisch: linken Arm nach hinten, das Eisen fassen, rechten Arm nach hinten biegen, Eisen fassen und zack – hochziehen!

Wenn ich die Pirouette im Training mache, stelle ich mir vor, ich sei ein Schlangenmensch und meine Glieder bestünden aus Gummi. Das Ausführen der Figur ist wirklich anstrengend, vor allem, wenn ich mich am frühen Morgen so verrenken muss, in einer kalten Halle, in der ich ganz allein trainiere. Ich atme dann zunächst tief durch und mache mich mental frei. Das Anstrengendste an der Biellmann-Pirouette ist, dass ich mein Bein im Drehen über den Kopf hochziehen und in den Spagat bringen muss. Bei diesem Vorgang kämpfe ich gegen die Drehkraft an. Dieses Verbiegen, Verrenken und Hochziehen braucht in der Drehung viel mehr Kraft als wenn ich diese Figur auf dem Boden stehend machen würde.

Zu den immensen Kräften, die bei dieser Pirouette auf meinen Körper wirken, kommt noch etwas hinzu: Ich habe mir dabei auch immer wieder die Finger verletzt, vor allem diejenigen der linken Hand. An den scharfen Eisen meiner Schlittschuhe habe ich mich oft geschnitten. Um zu vermeiden, dass plötzlich Blut auf mein *Röckli* tropfte, begann ich, die Finger im Training präventiv zu verpflastern, denn so konnte ich meine Hände schützen. Manchmal trug ich zusätzlich einen Handschuh. Bei Wettkämpfen habe ich meine Finger ebenfalls oft verpflastert, wobei es wichtig war, Pflaster in der richtigen Größe zu wählen, damit ich auch weiterhin die Finger beugen konnte. Deshalb trug ich ständig etwa 20 *Pflästerli* in verschiedenen Größen in meiner Tasche herum.

Die Biellmann-Pirouette ist übrigens die einzige Pirouette im Reglement der Internationalen Eislaufunion, die nach einer Person benannt ist. Sonst finden sich darin nur Sprünge, die mit den Namen berühmter Eisläufer bezeichnet sind: Axel, Salchow, Rittberger. Und mittlerweile bin ich die einzige Namensgeberin, die noch lebt.

Für die Ausführung der Biellmann-Pirouette gibt es klare Vorgaben. Wenn eine Läuferin sie in ihrem Programm hat, hilft ihr das, den höchsten Level, also die höchste Punktzahl, zu erreichen.

Wie in einem Tunnel – WM Hartford 1981

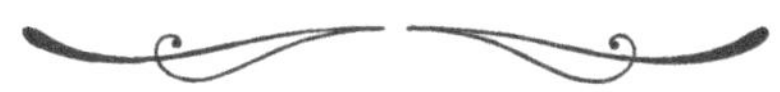

Ein Jahr nach den Olympischen Spielen folgte mein größter sportlicher Erfolg – der WM-Titel. Auf diesen hatte ich so viele Jahre hingearbeitet, denn der Sieg an einer Weltmeisterschaft war von klein auf mein größter Traum.

Die Saison zuvor war anstrengend gewesen. Ende Sommer 1980 hatte ich mir vorgenommen, künftig jeden Wettkampf zu gewinnen. Ich hatte immer intensiv trainiert, aber vor der Weltmeisterschaft in Hartford gab es außer dem Training eigentlich nichts anderes mehr für mich. Um mein Ziel zu erreichen, brauchte ich jedoch auch innere Ruhe. Ich habe mich richtiggehend abgeschottet und bin überhaupt nicht mehr ausgegangen: keine Disco, kein Skifahren … nichts. Ich war da wahrscheinlich extrem. Meine Clique wusste, wieso ich mich zurückgezogen hatte, wir standen schon noch in Kontakt.

Die Tage waren einfach vollgepackt. Zudem war bei den Trainings immer ein Fotograf dabei, oder man filmte ein Porträt über den ganzen Tag. Das alles war sehr kräftezehrend. Nebst meiner Familie und meinem Trainer war Mirjam die einzige Person, die ich in dieser Zeit getroffen habe – zu meinem obligaten *Birchermüesli* im «Grand Café». Der Druck war wahnsinnig damals, auch von den Medien. Ich war wie in einem Tunnel.

Was vor der Weltmeisterschaft 1981 abging, das spüre ich noch jetzt ganz genau. Den Druck, als wir in Hartford ankamen. Alle wussten, dass ich gewinnen könnte. Alle Zeitungen haben es geschrieben, in Sportsendungen wurde im Fernsehen darüber berichtet. Und ich wusste es auch.

Das Ganze wurde mir zu viel. Deshalb sagte ich zu meiner Mutter: «Ich würde eigentlich lieber nach New York fahren. Wir können doch da shoppen gehen - ich will gar nicht an die WM.» Glücklicherweise hatte mich auch die Psychologin Frau Friebe zu diesem Wettkampf begleitet. Wir haben täglich ihr Mentaltraining gemacht, das ich zu Hause bereits allein absolviert hatte. Diese Übungen halfen mir, und der Druck begann sich zu lösen.

Stärkung für den Geist – Friebe-Alpha-Training

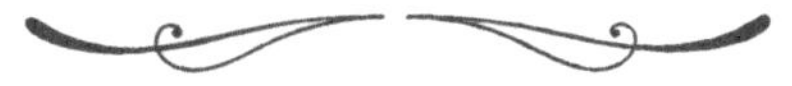

Ich mache dieses Mentaltraining schon sehr lange – seit ich 15 Jahre alt war – und für mich hat es immer funktioniert. Das Prinzip ist eigentlich ganz einfach: Durch das Herunterzählen von zehn auf eins bekommt man Zugang zu seinem Unterbewusstsein. Danach stellt man sich einen Lieblingsort vor und lässt vor seinem inneren Auge Wolken vorbeiziehen; all das hilft, um besser in den Zustand zu kommen, den die Psychologin Margarete Friebe, die dieses Training entwickelt hat, als Alpha-Zustand bezeichnet.

Wenn man heruntergezählt hat, sich an seinem imaginären Lieblingsort befindet und in einem Ruhezustand ist, dem Alpha-Bewusstseinszustand, stellt man sich eine Leinwand vor oder einen Bildschirm. Darauf projiziert man Ziele, die man gerne erreichen würde. Und zwar deren Vollendung, nicht den Weg dorthin. Als ich Weltmeisterin werden wollte, stellte ich mir deshalb vor, wie die Leute jubeln und sich freuen. Ich sah meine strahlende Mutter und meinen Trainer, hörte den Applaus des Publikums, spürte das Siegerpodest unter meinen Füßen und fühlte, wie man mir die Goldmedaille umhängte. Die Emotionen sind wichtig. Man soll sich diese Ziele nicht nur im Geiste vorstellen, sondern sich richtig in die Gefühle hineinversetzen. Das Ganze soll sich real anfühlen. Ein freudiges Gefühl verstärkt das alles.

Nachdem man sich etwas vorgestellt hat, kann man noch weitere Ziele auf eine solche «Leinwand» projizieren. Damals visualisierte ich nach dem Weltmeister-Titel etwas komplett anderes, wohl eine Prüfung, die in der Schule anstand, oder vielleicht auch den perfekten Freund. Zwischen den verschiedenen Zielen stellte ich mir aber immer wieder den blauen Himmel mit den vorüberziehenden Wolken vor.

Wenn ich die Übungen beendet habe, zähle ich mich langsam wieder hoch, aber nur bis zur fünf. Dann bin ich wieder «draußen». Danach achte ich nicht mehr weiter auf meine Ziele. Im Verlauf des Tages tauchen diese Bilder aber immer mal wieder auf, erscheinen plötzlich vor meinen Augen. Auch vor dem WM-Titel war dieses Ziel, das ich mir vorgestellt hatte, so stark, dass ich wie automatisch gewisse Menschen anzog, die mich unterstützten, und ich selbst war viel motivierter – beispielsweise im Training. Wenn ich die Kür übte, bekam ich sofort Gänsehaut, weil ich mir vorstellte, dass ich diese nur noch absolvieren müsste – und dann wäre der Weltmeistertitel zum Greifen nah.

Die Mentalübungen habe ich täglich gemacht, manchmal sogar zweimal am Tag, jeweils ungefähr zehn Minuten bis zu einer Viertelstunde lang. Wenn ein Wettkampf bevorstand, habe ich die Übungen vielleicht auch etwas länger gemacht, etwa 30 Minuten am Nachmittag, im Hotelzimmer. Manchmal ließ ich währenddessen eine von Frau Friebe besprochene Kassette laufen, manchmal einfach nur Musik. Heute mache ich die Übungen meist mit Musik. Mir fällt es auf diese Weise leichter, mir die Dinge vorzustellen oder die entsprechenden Emotionen zu fühlen. Am besten macht man die Übungen übrigens abends vor dem Einschlafen oder morgens gleich nach dem Aufwachen.

Auch während meinen Profi-Wettkämpfen habe ich die Mentalübungen gemacht. Einmal musste ich nach dem Einlaufen warten, da ich in diesem Wettkampf als Letzte an der Reihe war. Ich bin in der Garderobe hin- und hergelaufen, spürte so viel Energie in mir und war total motiviert. Ich sah all das, was ich mir zuvor in den Visionen vorgestellt hatte, alles wurde real. Meine imaginierten Bilder gründeten auf dem Glücksgefühl, das daraus resultiert, dass es gut gelaufen ist und ich mich über meine Leistung freue, dass ich gewonnen habe.

Doch in dieser Garderobe sah ich plötzlich Schilder mit einer Zehn drauf, obwohl ich mir das in den Übungen nicht so vorgestellt hatte. Ich sah all diese Bewertungen, die Höchstnote, die ich von den Preisrichtern erhielt. «Ich muss nur noch fahren, danach erlebe ich das!» Das war mein einziger Gedanke. Meine Motivation war enorm, denn ich wusste, dass genau diese Vorstellung bald Realität sein würde. Dann ging ich hinaus aufs Eis und absolvierte meine Kür. Alles lief super. Danach kamen die Noten – und jeder Preisrichter hat eine Zehn in die Luft gestreckt.

Natürlich kann man sich nicht einfach husch, husch etwas vorstellen, und dann geht das gleich in Erfüllung. Manchmal dauert es lange, bis etwas eintrifft, dann muss man dranbleiben. Es gibt aber auch Tage, an denen ich die Übungen mache und etwas visualisiere, und keine zwei Stunden später passiert es dann genauso. Das erstaunt mich immer wieder.

Natürlich kann man der Meinung sein, dass in meiner Eislaufkarriere vielleicht auch ohne mentale Unterstützung alles so positiv verlaufen wäre. Ich bin jedoch absolut überzeugt, dass ich dank des Alpha-Trainings vieles erreicht habe.

Man kann gewisse Dinge durch Visualisierung wirklich beeinflussen. Die Ziele müssen aber realistisch sein. Wenn ich mir vielleicht vorgestellt hätte, dass ich mit Singen Karriere mache und auf der Bühne stehe, mit einer Mega-Stimme – das hätte wahrscheinlich nicht geklappt. Ich habe einfach keine gute Stimme, das ist mir bewusst. Es wäre völlig unrealistisch gewesen, wenn ich in so eine Richtung gegangen wäre. Wenn ich aber ein Talent habe, kann ich mit solchen Mentalübungen das Optimale aus allem herausholen. Durch konstruktive Gedanken kann man sein Schicksal gestalten.

Auch heute telefoniere ich noch ab und zu mit Frau Friebe. Sie war und ist eine wichtige Person in meinem Leben. Mich inspirieren ihre Vorträge immer wieder, die Tiefenpsychologin hat eine großartige Aura und ist dazu in der Lage, Menschen sehr zu motivieren. Ich finde sie schlichtweg großartig und bin ihr sehr dankbar. Vor meinen Wettkämpfen bin ich immer mal wieder bei ihr gewesen und habe Teile des Kurses zur Auffrischung wiederholt.

Auch heute mache ich noch täglich dieses Mentaltraining, es gehört einfach zu meinem Leben.

Ziel erreicht – der Weltmeistertitel

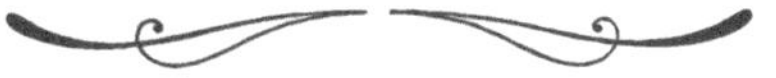

Wenn Frau Friebe mich in Hartford beim Training sah oder auf der Fahrt dorthin, dann sprach sie mit mir aber nicht über den Wettkampf, sondern über andere Dinge: «Jetzt gehst du dann mal in die Ferien … gönnst dir ein Glace.»

Dass man sich freut, das ist das Wichtigste. Und für mich war auch immer wichtig, dass ich mich in dem Outfit wohlfühle, das ich auf dem Eis trage. Manchmal führte dies zu Diskussionen – auch in Hartford, wo der Schweizer Eislaufverband und die Journalisten nicht wollten, dass ich das Kurzprogramm im schwarzen *Röckli* fahre, «weil die Fotos dann nicht so schön würden», wie es hieß. Ich wollte mich aber dunkel anziehen, und schließlich blieb es beim schwarzen *Röckli.*

Ich bin zwar kein Ordnungstyp, doch auf dem Eis bin ich sehr strukturiert. Ich habe immer alles selbst festgelegt, zwei Tage vor dem Wettkampf absolvierte ich jeweils ein letztes Konditionstraining, damit sich mein Körper vor dem großen Tag ausreichend regenerieren konnte. Mein Konditionstraining stammt übrigens von einem Fan. Als ich etwa 15 Jahre alt war, zeichnete Lisbeth Helbling, eine Leichtathletin, ein Intervalltraining auf und schickte es mir. Ich habe es ausprobiert, etwas ausgebaut und dann immer absolviert. Es ist wirklich gut, ich mache dieses Konditionstraining noch heute, auch mit meinen Schülerinnen.

Der Tag des Wettkampfs war durchorchestriert: Wann esse ich? Wann lege ich mich nochmals hin? Wann lege ich die Beine hoch? Wann mache ich einen Spaziergang? Und dann stand der große Moment kurz bevor

Bei der WM 1981 durfte meine Mutter erstmals unten an der Bande neben meinem offiziellen Trainer stehen – bei anderen Wettkämpfen war sie immer oben bei den Zuschauern gesessen. Frau Friebe war da, Roland Wehinger, der Präsident des Schweizer Eislaufverbandes, und auch Mirjam war in Hartford dabei. Der «Blick» hatte sie eingeladen, mich an die Weltmeisterschaft zu begleiten.

Die Zeitung war damals über mein Leben bestens im Bilde, denn nach der letzten Europameisterschaft hatte ein junger Journalist vom Chefredaktor den Auftrag erhalten, täglich etwas über mich zu schreiben. Der Mann kontaktierte mich und war von da weg mein ständiger Begleiter. Und so wusste er auch, dass Mirjam meine engste Vertraute war – nebst meiner Familie. Natürlich war die Sache nicht ganz uneigennützig. Die Zeitung bereitete uns beiden zwar eine große Freude, aber es war auch klar, dass sie so ein paar Storys mehr über meine Zeit an den Weltmeisterschaften bekam.

Schon beim Einlaufen fühlte ich mich an diesem geschichtsträchtigen Tag in Hartford sehr gut. Das Kurzprogramm hatte ich bereits gewonnen. Nun kam es auf die Kür an. Ein paar Stunden zuvor hatte ich noch meine Mentalübungen gemacht und danach losgelassen, war top vorbereitet, körperlich, aber auch geistig. Was man immer und immer wieder geübt hat, läuft irgendwann wie automatisch ab. Ich ging aufs Eis hinaus und hatte das Gefühl, wie auf Schienen zu fahren. Die Halle war voll. Vor den zirka 18 000 Zuschauern absolvierte ich mein Programm zu Musik von Santana, Alan Parsons Project und Igor Strawinsky. Fehlerfrei. Danach erhielt ich – die Europäerin – Standing Ovations, obwohl meine stärkste Konkurrentin eine Amerikanerin war. Jan Hiermeyer kommentierte den Wettkampf fürs Schweizer Fernsehen. Am Schluss fragte er: «Woher hat dieses Mädchen diese Kraft?»

In der Schweiz war es fünf Uhr morgens, als ich meine Kür lief. Mein Vater fieberte zu Hause vor dem Fernseher mit; er hat mich immer unterstützt und war unglaublich stolz auf mich. Später erzählte er, dass niemand in der Nachbarschaft geschlafen hätte, die Wohnzimmerfenster der Häuser seien überall hell erleuchtet gewesen. Meine WM-Kür haben demnach viele Menschen in der Schweiz live gesehen, damals konnte man Sendungen ja nicht zu einem späteren Zeitpunkt nochmals schauen. Während meines Programms war eine Kamera die ganze Zeit auf meine Mutter gerichtet gewesen. Sie zeigte all ihre Emotionen während dieser vier besonderen Minuten; ihre Begeisterung, wie sie aufspringt und jubelt.

Zu Jan Hiermeyer gibt es noch eine lustige Anekdote. Er war üblicherweise der Kommentator, wenn das Schweizer Fernsehen Eiskunstlauf-Wettkämpfe zeigte, und hat meine Amateurkarriere sozusagen begleitet. Nebst seinem Job hat er auch gesungen, Seemannslieder. Und weil man sich kannte, fragte er mich, ob ich das Schaulaufen nach der Weltmeisterschaft nicht zu einem seiner Lieder fahren wolle. Seemannslieder passen aber überhaupt nicht zu meinem Stil, und zudem muss man das Ganze ja auch einstudieren.

Ich weiß nicht, wieso er mich gefragt hat ... vielleicht hatte er gehofft, dass seine Lieder dadurch etwas bekannter würden. Wie auch immer, ich bin meine Nummer wie geplant zu «Spiel mir das Lied vom Tod» gefahren.

Zwar erhielt man früher kein Geld für einen Weltmeistertitel, aber die besten fünf Läufer bzw. Läuferinnen des Wettkampfes gingen unmittelbar danach auf Tournee durch ganz Amerika. Das war ein eindrückliches Erlebnis, obwohl mich wegen der Biellmann-Pirouette Rückenschmerzen plagten. Wir absolvierten jeden Abend Shows, in Los Angeles, San Francisco und anderen Städten, an deren Namen ich mich nicht mehr erinnere. Nach den Shows fanden VIP-Veranstaltungen statt, es wurde also immer spät.

An einem dieser Events lernte ich übrigens auch John Denver kennen. Meine Eiskunstlaufkolleginnen mussten mich allerdings darauf aufmerksam machen, dass ich soeben einem berühmten Sänger die Hand geschüttelt hatte; mir war das gar nicht bewusst gewesen. Ich war damals mit meinen Gedanken oft bereits irgendwo anders. Denn am Tag nach einer Show mussten wir jeweils früh aufstehen und an einen neuen Ort fliegen, das war anstrengend.

Doch nichts konnte meine Freude trüben. Emotional betrachtet war der Weltmeistertitel mein größter Erfolg, und er öffnete mir zugleich die Tür zu meiner Profikarriere.

Werbeverträge, Filmangebote und ein Abstecher nach China

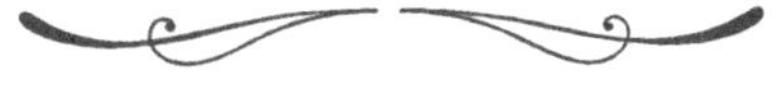

Nach dem Weltmeistertitel wurde ich von allen Seiten bestürmt, es war, als ob die ganze Welt etwas von mir wollte. Ich bekam Unmengen von Fanbriefen, wurde überhäuft mit Angeboten für Eisshows, Fernsehsendungen, Filme und natürlich Werbung. Ein Verlag ließ in Windeseile ein Buch über mich zusammenstellen: «Eine Eisprinzessin erobert die Welt» enthielt viele Bilder und kam innerhalb von zwei Wochen heraus. Manager aus der ganzen Welt meldeten sich und stellten sich bei meinen Eltern vor. Sie wollten mich vermarkten und natürlich damit selbst Geld verdienen. Einmal filmten ein Kamerateam aus den USA und eines aus der Schweiz gleichzeitig bei uns zu Hause. In der kleinen Wohnung ging wegen all der Menschen, die auf engstem Raum herumwuselten, schließlich sogar eine Fensterscheibe zu Bruch. Wildfremde Männer standen vor unserem Haus, manchmal mussten wir gar die Polizei deswegen rufen. Ein liebestoller Amerikaner schrieb mir täglich mehrere Expressbriefe. Es war total verrückt.

Zum Glück war unter den vielen Managern, die wir damals kennenlernten, auch George Taylor. Zwar wurde der Holländer, der in Amerika lebte, nicht sofort mein Manager, doch er blieb hartnäckig und zeigte mir auf, wie ich mit Wettkämpfen und Werbeverträgen Geld verdienen konnte. Seine Vorschläge basierten auf fundierten Überlegungen, und George handelte später lukrative Verträge für mich aus. Er war wirklich ein Glücksgriff und wurde ein wichtiger Mensch in meinem Leben. George's Vorschlag, dass ich nach Amerika ziehen sollte, um noch erfolgreicher zu werden, lehnte ich jedoch ab.

Ich machte Werbung für verschiedene Produkte – in der Schweiz, in den USA und sogar in Japan. Mein Vater weilte beruflich ein paarmal in Tokio und war dann immer sehr stolz, wenn er mich in einem TV-Spot im japanischen Fernsehen sah. Weil ich einen Werbevertrag mit einem Fahrzeughersteller hatte, bekam ich sogar ein Auto, noch bevor ich einen Führerschein besaß. Der Blick auf das parkierte Fahrzeug vor unserem Haus spornte mich täglich an, die Fahrprüfung rasch abzulegen. Kaum hatte ich den Ausweis in der Tasche, fuhr ich stolz mit meinem *Chärreli* zu meiner Freundin Irène. Meinen Eintritt in die Welt der Fahrzeuglenker feierten wir mit einem Ausflug in ein Shopping-Zentrum in der Nähe.

Übrigens hat mich dieses Auto vor dem Hauswirtschaftsunterricht «gerettet». Im Kanton Zürich war dessen Besuch damals Pflicht. Doch ich hatte überhaupt keine Lust darauf, Kochen, Putzen oder Waschen zu lernen. Deshalb packte ich jeweils heimlich ein Badetuch und Duschutensilien ins Auto. Statt in die *Huusi* fuhr ich zum Hallenbad Oerlikon, und während Gleichaltrige in die Geheimnisse der Haushaltsführung eingeweiht wurden, entspannte ich mich in der Sauna.

Diese Morgen ganz für mich allein habe ich sehr genossen, und eine Zeit lang blieben meine kleinen Ausflüge auch unbemerkt. Doch dann erhielten meine Eltern einen Anruf der Leiterin der Hauswirtschaftsschule, die sie auf mein Fernbleiben hinwies. Irgendwie habe ich es aber geschafft, mich von der sogenannten *Huusi*-Pflicht zu befreien. Ich konnte mich einfach nicht dazu überwinden, etwas zu tun, auf das ich überhaupt keine Lust hatte. Irgendwann ließ eine Zeitung trotzdem verlauten: «Denise entspannt sich am liebsten bei Hausarbeit in der Küche.» Dabei habe ich das nie wirklich gerne gemacht.

Im Sommer 1981 reiste ich nach China. Dick Button, ein bekannter Veranstalter von Profi-Wettkämpfen in den USA, hatte mich eingeladen, eine amerikanische Truppe zu begleiten. Es war mein erster Auftritt als Profi. Vorgesehen waren zwei Schaulaufen und dazu Trainings zur Nachwuchsförderung der chinesischen Talente. Damit die anwesenden Coaches möglichst viel von unserem Wissen an ihre Schüler weitergeben konnten, wurden auch die Trainings gefilmt.

Nachdem wir bereits das Schaulaufen absolviert hatten, gingen wir davon aus, dass fortan nur noch ein paar Trainings auf unserem Programm stehen würden. Doch als wir an einem Abend bei der Eishalle ankamen, erblickten wir davor eine riesige Menschenmenge, und auch drinnen war alles voll. Wir realisierten, dass uns anstelle des angekündigten Trainings ein weiteres Schaulaufen bevorstand. Über die Planänderung hatten uns die chinesischen Organisatoren nicht informiert. Wir waren alle etwas irritiert. Selbst Läufer, die schon länger als Profis unterwegs waren, hatten so etwas noch nie zuvor erlebt. Doch natürlich fügten wir uns den neuen Vorgaben und gaben auf dem Eis unser Bestes.

Dass die Leute nicht klatschten, fand ich zwar immer noch seltsam, aber unterdessen hatte ich erfahren, dass sie dies als Zeichen des Anstands und der Wertschätzung unterließen. Ich hingegen liebte es, wenn das Publikum mitging, jubelte und applaudierte. Das alles war für mich immer ein Energiekick, der mich dazu anspornte, noch mehr zu geben. Die Stille in den chinesischen Eishallen war für mich eine ganz neue Erfahrung. Das komplette Gegenteil erlebte ich hingegen einige Jahre später, und zwar in Mexiko, wo ich an mehreren großen Shows teilnahm. Als ich dort aufs Eis fuhr, haben die Menschen nicht nur mitgeklatscht, sondern gleich zu tanzen begonnen. Das war einfach unglaublich.

Doch zurück zu China Anfang der 1980er-Jahre, das mir im Vergleich mit den Ländern, die ich bis dahin besucht hatte, sehr fremd vorkam. Die Menschen schienen alle gleich angezogen zu sein, egal ob Mann oder Frau. Sie trugen Leinenjacken und weite Hosen, deren Farben zwischen Blau, Grau und Braun variierten. Die meisten waren mit dem *Velo* unterwegs. Ich hatte den Eindruck, als ob sich Tausende von Fahrrädern neben- und hintereinander auf der breiten Hauptstraße vorwärtsbewegten – und kaum eines dieser *Velos* war mit Licht ausgerüstet. Babys lagen nicht in Kinderwagen, sondern wurden in hölzernen Leiterwagen über die Trottoirs gezogen. In meiner Erinnerung sehe ich vereinzelt Laternen entlang der Straßen. Darunter hockten junge Männer am Boden, die mit Murmeln spielten.

Auch die Hotels sahen ganz anders aus, als ich es gewohnt war, und das Essen war für mich sehr schwierig. Zum Frühstück beispielsweise servierte man uns gezuckerte Tomaten und Toast. Natürlich durfte auch das obligate Bankett nicht fehlen. Dort saß ich mit Mitgliedern der chinesischen Regierung an einem runden Tisch, und in dessen Mitte stand eine riesige drehbare Platte, auf der sich Fisch und andere Speisen häuften, die ich alle nicht essen mochte. Die Männer drehten und drehten die Platte und boten mir immer wieder etwas Neues an, aber ich konnte mich einfach nicht dazu durchringen, irgendetwas davon zu essen. Schließlich brachte mir jemand, der wohl Mitleid mit mir hatte, einen Apfel. In den zehn Tagen, die Mami und ich in China weilten, habe ich rund fünf Kilo abgenommen. Damals war ich wirklich festgefahren in diesen seltsamen Essgewohnheiten. Durch meine vielen Reisen wurde das aber um einiges besser, und heute finde ich immer etwas, das mir schmeckt.

In einer der vielen Fernsehsendungen, zu denen man mich nach meinem WM-Titel in Deutschland und in der Schweiz eingeladen hatte, fragte der Moderator nach meinen Zukunftswünschen. Ich antwortete: «Am liebsten würde ich Gastspiele geben, einen Eislauffilm drehen und singen.» Gastspiele habe ich später viele gegeben, im Jahr meines Weltmeistertitels hat Mario Cortesi einen Film über mich gedreht und mich bei den Aufnahmen zu «Ein amerikanischer Traum» mit einem Kameramann und einer Tontechnikerin auch nach China begleitet.

Singen konnte ich jedoch nicht wirklich. Ich nahm zwar eine Zeit lang Gesangsstunden, aber leider habe ich keine gute Stimme. Trotzdem ließ ich mich damals von einem «Blick»-Fotografen, dem zu Ohren gekommen war, dass ich Gesangsunterricht nahm, zu einem Bild in der Pose einer Sängerin überreden. Es gibt also ein Foto von mir, wie ich zu Hause in meinem Kinderzimmer vor dem Spiegel mit einem improvisierten Mikrofon singe. Cortesi ließ mich in seinem Film sogar einen Schlager singen. In solchen Dingen war ich gar nicht scheu – es hat mir einfach Spaß gemacht. In meinem jugendlichen Übermut war ich damals auch der Ansicht, dass ich gut singen würde. Ich imitierte einfach, was ich im Fernsehen gesehen hatte, und trällerte mit ganzem Herzblut den Refrain zu einem bekannten Lied von Juliane Werding: «Wenn du denkst, du denkst, dann denkst du nur, du denkst.» Klar amüsiere ich mich heute ein bisschen darüber, aber irgendwie ist es trotzdem schön, dass ich als Jugendliche solche Träume hatte.

Auch später habe ich in verschiedenen Fernsehsendungen noch ein paarmal gesungen und getanzt. Einmal hat mich dabei auch Paul Kuhn am Klavier begleitet, und zwar zu «Itsy Bitsy Teenie Weenie Yellow Polka Dot Bikini». Den Leuten gefielen meine Auftritte, wahrscheinlich vor allem das Tanzen. Im Schweizer Fernsehen wurde ich nach solch einem Auftritt sogar einmal gefragt, ob ich eine Tanzkarriere anstrebe. Natürlich lautete meine Antwort, dass das Eis Priorität habe. Ich erzählte den Moderatoren aber, dass ich gern neue Dinge ausprobiere, vor allem solche, die Spaß machen.

Wenn mich etwas interessierte, habe ich mich auch in völlig fremden Gebieten weitergebildet. Ich dachte immer, das bringt mir etwas. Deswegen habe ich auch mal Schauspielstunden genommen, bei Mirjams Vater. Im Sommer 1980 ging ich einmal wöchentlich eine Stunde zu ihm in den Unterricht, und ich musste dort auch Gedichte und andere Texte vortragen. Dank des Sprechtrainings fielen mir danach Interviews viel leichter. Als ich 13 war, hatte meine Stimme nämlich noch piepsig geklungen, wenn ich Fragen zu Wettkämpfen oder meinen Leistungen beantwortete. Der Schauspielunterricht half mir, meine Scheu Erwachsenen gegenüber ein wenig abzulegen und selbstsicherer zu werden.

Zu einer Schauspielkarriere hat es nicht gereicht, aber ich bekam eine Rolle in der Komödie «Piratensender Powerplay», die 1982 zum erfolgreichsten Film in den deutschen Kinos wurde. Mike Krüger und Thomas Gottschalk spielten darin die Hauptrollen, als Moderatoren eines illegalen Radiosenders. Und ich war als Autostopperin unterwegs in ein Internat. Die Produzenten des Films hatten einen meiner Gesangsauftritte gesehen und mich ohne ein zusätzliches Vorsprechen engagiert. Das war für mich wirklich ein aufregendes Erlebnis.

Später wollten sie meine Rolle noch etwas ausbauen, aber mein Vertrag mit Holiday on Ice machte ihnen einen Strich durch die Rechnung.

Der harte Einstieg in die Glamourwelt – Holiday on Ice

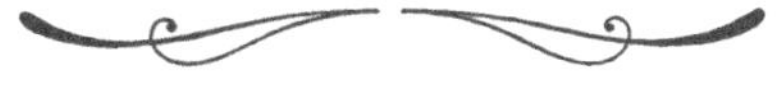

Schon vor der Weltmeisterschaft in Hartford hatte mich Holiday on Ice, die damals größte und kostspieligste Eisrevue der Welt, kontaktiert. Sie wollten mich als Stargast engagieren – wenn ich den WM-Titel gewänne. Das war eine Riesensache. Zwar fragten auch andere Eisrevuen aus Amerika an, aber ich wollte zunächst in Europa bleiben. Nur wenige Monate, nachdem ich den Titel gewonnen hatte, unterschrieb ich bereits den Zwei-Jahres-Vertrag mit Holiday on Ice. Ich war stolz darauf, so jung einen solches Engagement zu bekommen. Dass ich erstmals Geld verdiente und auch noch richtig gut, war mir aber nicht wirklich bewusst. Geld war mir damals nicht wichtig, ich habe genauso weitergelebt wie zuvor.

Zur Vertragsunterzeichnung trafen wir uns in Bern, wo die Show eine Niederlassung hatte. In dieser Stadt fanden auch Proben statt, und dort wurden zudem die Kostüme für die Eisrevue geschneidert. Die Vertragspartner waren aus Amsterdam angereist. Und dann saßen wir an diesem 11. April 1981 alle an einem Tisch – die Businessleute, selbst der Präsident Skee Goodhart war dabei, meine Mutter, mein Vater, ein Anwalt, den wir engagiert hatten, und ich. Die Verhandlungen waren zäh und dauerten in meinen Augen ewig. Das war eine Welt, die ich zuvor nicht gekannt hatte. Irgendwann tauchte ein Fotograf vom «Blick» auf und machte ein Foto vom Tisch, an dem wir saßen. In der Zeitung schrieben sie danach: «Die Verhandlungen dauern an. Gibt es einen Abschluss?» Nach über zehn Stunden war es endlich so weit. Ich war der neue Stargast der Show. Zuvor hatte das bekannte deutsche Eislaufpaar Marika Kilius und Hans-Jürgen Bäumler diese Rolle besetzt.

Der Stargast bei der Eisrevue wurde nicht nur auf den Plakaten hervorgehoben, sondern man wurde wirklich wie ein Star behandelt. Natürlich musste man auch entsprechend aufgebrezelt werden. Bei meinem ersten Fotoshooting – ich weiß nicht mehr, ob das in Bern oder Nizza war – schminkte man mich auch gleich wie für die Eisrevue. Meine Augenbrauen wurden gezupft und nach oben verlängert, man klebte mir künstlichen Wimpern an und verpasste mir zu guter Letzt noch ein Haarteil. Ich fand es furchtbar und dachte entsetzt: «Das bin ja gar nicht ich!» Mami hatte mich zu diesem Termin begleitet, und ich sagte ihr, dass ich nicht mit diesem Haarteil auftreten wolle. Ich ließ die Verantwortlichen wissen, dass ich damit keine Dreifach-Sprünge machen könne und mir nicht sicher sei, dass mir meine Biellmann-Pirouette mit diesem Teil im Haar gelänge.

Sie meinten, ich solle es mal probieren, und so ging ich vor dem Shooting schnell aufs Eis. Aber als ich die Pirouette machte, fuhr ich mit dem Eisen extra so richtig ins Haarteil rein, als ich das Bein hochzog. Ich hätte es schon anders machen können, aber ich wollte dieses Teil einfach nicht tragen … Für die Verantwortlichen bei Holiday on Ice war jedoch klar, dass meine berühmte Pirouette in der Eisrevue gezeigt werden musste, und so entschieden sie: Das Haarteil muss weg!

Auch die Outfits, die man für mich ausgewählt hatte, gefielen mir nicht wirklich. Ich war Sportlerin; voluminöse Kostüme waren nicht so mein Stil. Doch anfangs hielt ich mich hier etwas zurück und fuhr meine ersten Auftritte auch mit ausladendem Tutu, allerdings ohne Dreifach-Sprünge. Diese ließen sich mit einem solchen Kostüm einfach nicht springen. Natürlich wollten die Verantwortlichen der Show aber auch solche Sprünge von mir sehen und fällten deshalb glücklicherweise eine Entscheidung in meinem Sinne: Ich sollte ein anderes Kostüm bekommen.

Und erstmals erhielt ich nicht nur Vorgaben, sondern man fragte mich, was ich denn möchte. Diesbezüglich selbst entscheiden zu dürfen – das war ich gewohnt gewesen. Zuvor hatte zumeist meine Mutter meine *Röckli* geschneidert, und da konnte ich immer mitreden, bei der Auswahl der Stoffe und auch beim Stil. Nach zwei, drei Wochen bekam ich mein neues Outfit, das schlicht, schön und praktisch war. Ich freute mich darüber, und die Leute von Holiday on Ice waren glücklich, dass ich Dreifache springen würde.

Im Verlauf der Tournee zeigte sich jedoch, dass es auf den kleineren Eisflächen schwierig war, Dreifach-Sprünge einzubauen – zudem variierte die Größe der Eisfelder von Stadt zu Stadt. Deshalb musste ich meine Choreografie stets an diese unterschiedlichen Bedingungen anpassen und allenfalls mal einen Sprung weglassen. Doch mit der Zeit brachte ich selbst die dreifachen Sprünge auf der kleinsten Fläche hin. Dann habe ich manchmal im Training gesagt: «Heute springe ich sogar einen Dreifachen Lutz!» – das war der schwierigste Sprung. Zudem musste ich mich mit dem Eis arrangieren, dessen Oberfläche sich im Verlauf der Vorstellung ändern konnte. Zu Beginn der Show war es jeweils in einem picobello Zustand. Bis ich jedoch auftrat, gab es auch Pfützen oder kleinere Löcher auf dem Eis.

Diese stammten von Clowns, die vor mir auftraten und mit Wasser herumspritzen, oder Schimpansen, die nicht immer ganz sanft übers Eis glitten.

Zwar hatte ich mich erfolgreich gegen das Haarteil und ein ungeliebtes Kostüm durchsetzen können; gegen eine andere Vorgabe der Verantwortlichen wehrte ich mich jedoch nicht. Die Musik, die man für meine Nummern ausgewählt hatte, gefiel mir zwar nicht wirklich, aber diesbezüglich hielt ich mich in meiner ersten Saison bei Holiday on Ice noch zurück. Während vier Monaten reiste ich mit der Truppe durch Deutschland, Österreich und die Schweiz. Hatte ich zuvor täglich auf Wettkämpfe hin trainiert, trat ich in der Eisrevue manchmal mehrmals täglich auf.

Mein Start in dieser fremden Glamourwelt war schwierig. Ich kam aus Zürich-Witikon, vom Sport, wo man keine angeklebten Wimpern kannte und keinen Glitzer. Der Wettkampfsport war total anders als das Showleben, das mir sehr amerikanisch vorkam. Mit meinen 18 Jahren war ich auch eine der Jüngsten im Cast, und die meisten sprachen Englisch. Die Herausforderung der ständig wechselnden, unterschiedlich großen Eisflächen habe ich bereits erwähnt, aber ich musste mich auch an das grelle Licht der vielen Scheinwerfer gewöhnen. So konnte ich das Publikum nicht sehen. Weil mir dessen Unterstützung immer wichtig war, stellte ich mir die Menschen deshalb einfach vor.

In der ersten meiner zwei Solo-Nummern fuhr ich aufs Eis und drehte das Schirmchen, das zu meinem Outfit gehörte. Mich begleiteten sechs oder sieben junge Läufer, deren Aufgabe darin bestand, mich, den Star, anzuhimmeln. Ich fuhr von einem zum anderen, flirtete etwas da und etwas dort. Beim Intro ging es darum, das Publikum in die Glamour-Welt Hollywoods zu entführen. Bevor ich mit Sprüngen und Pirouetten loslegte, überreichte ich einem der Boys mein Schirmchen und einem anderen meine Handschuhe. Dann begann meine Nummer zu langsamer Musik. Bei meinem zweiten Auftritt trug ich ein pinkfarbenes, mit Pailletten besetztes Kostüm. Das Outfit war jung und frech, die Musik, die man ausgewählt hatte, gefiel mir jedoch nicht.

Wenn ich heute daran zurückdenke, bin ich erstaunt, wie ich damals dieses tägliche Pensum geschafft habe. Vor allem, weil ich als Stargast in meiner Einzelgarderobe von den anderen Eisläufern abgeschottet war. Nur eine Läuferin aus dem Chorus suchte den Kontakt zu mir und erklärte mir gewisse Dinge, die mir fremd waren, beispielsweise, wo ich etwas zu essen oder einen Kaffee bekam. Hinter den Garderoben war meist eine Snackbar eingerichtet, die von einem Showmitglied geführt wurde. Dort konnte man vor, während und nach der Vorstellung Getränke usw. beziehen und anschreiben lassen. Bezahlt wurde einmal monatlich. Nach der Show haben sich die Läuferinnen und Läufer jeweils dort getroffen, dann durfte auch Alkohol ausgeschenkt werden.

Mein Status wurde von den Verantwortlichen der Eisrevue richtiggehend zelebriert. Als Stargast stand mir stets eine geräumige Garderobe zur Verfügung. Eingerichtet war der Raum wie ein Wohnzimmer: mit einem Sofa und einem Fernseher, zudem gab es einen Schminktisch mit einem großen Spiegel, und immer standen Getränke und Früchte bereit. Die anderen aus der Truppe mussten sich hingegen in einer engen Gemeinschaftsgarderobe umziehen und schminken. Dort standen die Tischchen eng nebeneinander, während ich – so sah ich das jedenfalls – verschwenderisch viel Platz hatte. Diese Sonderbehandlung behagte mir nicht sehr, ich wäre lieber bei den anderen Läufern gewesen. Deshalb ließ ich die Verantwortlichen der Show wissen, dass ich die Garderobe auch mit den Solisten teilen könne. Darauf ist man aber nicht eingegangen.

Stargast zu sein, das bedeutete viele Privilegien, unabhängig davon, ob man diese wünschte oder nicht. Aber was mir natürlich gefiel, war der Umstand, dass ich nach den langen Jahren als Amateur-Sportlerin endlich Geld verdiente. Ich hatte wirklich einen sehr guten Vertrag über einen sechsstelligen Betrag abgeschlossen, was auch in allen Zeitungen vermeldet worden war. Die anderen aus dem Cast bekamen einen deutlich niedrigeren Lohn, mussten wöchentlich auf die Waage und vor und nach ihren Auftritten noch trainieren.

Am Anfang verspürte ich wohl deswegen auch etwas Neid von ein paar Läuferinnen aus dem Chorus, was ich auch verstehen konnte. Als Stargast wurde ich wegen Medienterminen von Promotern herumchauffiert und musste nicht mit den anderen zusammen im Bus in die nächste Stadt reisen. Zudem wurde ich zu Abendessen eingeladen und hätte immer in Luxushotels übernachten können. Doch ich war nicht gerne allein, auch wenn die Zimmer noch so schön waren. Mami, die mich während meiner Amateur-Karriere meistens begleitet hatte, war bei der Holiday-on-Ice-Tournee nicht mehr dabei. Deshalb organisierten mir die Verantwortlichen der Show oft Privatunterkünfte bei Familien, damit ich nicht allein wohnen musste. Als Familienmensch freute ich mich auch sehr darüber, als die Eisrevue in Berlin gastierte. Dort lebte nämlich eine Großtante, bei der ich übernachten konnte. Die Schwester meines Großvaters wohnte am Kurfürstendamm und war eine elegante Frau, die immer Schuhe mit hohen Absätzen trug und oft in schicken Restaurants aß. Damals war sie jedoch gesundheitlich angeschlagen, und deshalb umsorgte ich sie in diesen zwei Wochen, wenn ich nicht für Holiday on Ice im Dienst war.

Ich wurde zwar überall als Star gefeiert, und bei meinen Nummern begleiteten mich immer junge Männer aus dem Cast, aber ich fühlte mich sehr einsam. Ich war allein in der Garderobe und in den Hotels. Zudem empfand ich das Showleben als enormen Stress. Nur am Montag hatten wir «frei», d. h. an diesem Tag stand keine Show auf dem Programm. Stattdessen reiste die Truppe dann zum nächsten Auftrittsort. Dienstags, donnerstags und freitags traten wir jeweils einmal auf, mittwochs zweimal. Am Wochenende variierte die Anzahl der Auftritte; manchmal waren es zwei, manchmal drei.

Weil ich so starkes Heimweh hatte, musste ich den Reisetag jeweils nicht mitmachen. Nach der letzten Vorstellung am Sonntag flog ich stattdessen immer zum Auftanken nach Hause. Ich brauchte meine private Welt, wo ich mit Mirjam im Café mein *Birchermüesli* essen oder mit meiner Clique ins «Galerie» gehen konnte. Dann war ich wieder der Teenager in meinem bescheidenen Zuhause. Die Eisrevue war eine glitzernde Glamourwelt, von der ich vorher nur in Zeitschriften gelesen hatte.

Anfangs fand ich es zwar toll, in dieses Leben einzutauchen, mit all den Stars, die ich bewundert hatte, und ich genoss es, in deutschen oder österreichischen Fernsehsendungen aufzutreten, die ich zuvor selbst geschaut hatte. Irgendwann jedoch kippte meine Stimmung. Als Stargast musste ich vorab oft für eine Pressekonferenz oder einen Fernsehauftritt in eine Stadt fliegen, die wir im weiteren Verlauf der Tournee besuchten. Nach den Terminen kehrte ich gleich wieder zurück an den Ort, wo die Show gerade gastierte – das Ganz erschien mir irreal. Ich kam mir vor wie eine Sängerin auf Tournee. Zudem lastete auf mir auch ein besonderer Druck. Ich erhielt zwar einen guten Lohn, aber für mein Geld musste ich auch jedes Mal die erwartete Leistung bringen. Die Presse folgte mir auf Schritt und Tritt, alles wurde fotografiert und gefilmt. In den Zeitungen erschienen dann auch Bilder, auf denen ich nicht glücklich aussah. Mein Lachen war verschwunden.

Die Rolle des einsamen jungen Stars war zu viel für mich. Selbst meinen Geburtstag feierte ich während meiner ersten Saison bei Holiday on Ice allein – in einem Mövenpick-Restaurant, irgendwo in Deutschland. Zwar bestellte ich mir mein heißgeliebtes *Birchermüesli*, doch die fröhlich plaudernde Familie am Nebentisch ließ mich meine Einsamkeit noch stärker spüren. Ich fühlte mich furchtbar. Diese Glamourwelt war mir einfach fremd. Einmal sagte ich sogar zu einem Journalisten, die Show gefalle mir gar nicht, sie sei viel zu kitschig und pompös, ich konnte mich da nicht mehr zurückhalten. Eigentlich erstaunlich, dass ich von der Leitung von Holiday on Ice wegen dieser Aussage nie gerügt wurde.

Mit der Zeit wurde ich immer dünner; irgendwann wurde ich krank und musste in einer Stadt pausieren. Ich glaube, mich hatte zuerst eine Grippe erwischt. Doch was mich eigentlich krank gemacht hatte, war der Stress, ständig von einer Stadt in die andere zu reisen, die vielen Auftritte auf dem Eis, das Alleinsein, die unzähligen Medienauftritte. Ich war gerade erst 19 Jahre alt geworden.

Meine Eltern holten mich daraufhin nach Hause. Die Verantwortlichen von Holiday on Ice hätten es lieber gesehen, wenn mich der Tournee-Arzt behandelt hätte. Doch Mami und Papi sahen das anders. Zu Hause habe ich mich dann zwei Wochen ausgeruht, während die Presse über mich berichtete: «Nur noch 43 Kilo!» Mir ging es damals wirklich nicht gut, und ich brauchte eine Pause.

Danach ging es bis Ende Februar weiter. Aufgeben war keine Option für mich, zudem hatte ich einen Zwei-Jahres-Vertrag bei der Eisrevue unterzeichnet. Und in meiner zweiten Saison bei Holiday on Ice sollte auch vieles einfacher laufen. Als junger Sportlerin war mir der Einstieg in diese Glamourwelt nicht leichtgefallen. Dass ich in der erfolgreichsten Eisrevue aller Zeiten hatte auftreten dürfen, realisierte ich erst später so richtig. Deshalb freute ich mich danach immer sehr, wenn ich eine Anfrage für einen Gastauftritt bei der Eisrevue erhielt. Und ich war auch stolz auf meine Engagements bei Holiday on Ice.

Missgeschicke und die große Liebe – Holiday on Ice, Season Two

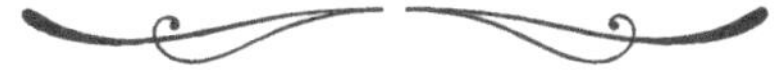

Holiday on Ice war damals in verschiedene Divisions, also Produktionen, aufgeteilt, die jeweils vier Jahre lang gezeigt wurden. Drei tourten durch Europa, eine durch Südamerika. In meinem zweiten Jahr bei der Eisrevue wurde ich für die neueste Produktion verpflichtet. Bereits im Vorfeld der für mich erneut vier Monate dauernden Tournee hatte ich erfahren, dass ich die Musik für meine Auftritte teilweise selbst auswählen dürfe. Ein paar Jahre später vertrauten mir die Verantwortlichen der Show sowohl die Auswahl der Musik wie auch die der Kostüme an.

Vorher gab es Guidelines, wie die Stars sich kleiden mussten, wie ihre Auftritte zu sein hatten, zu welcher Musik sie laufen sollten usw. Ich glaube, die Show hat sich auch etwas angepasst, weil die Verantwortlichen mich unbedingt dabeihaben wollten und weil das Publikum mich so sehen wollte, wie ich war: eine energiegeladene junge Frau. Und auch ich hatte mich ein wenig angepasst. So trug ich nun immer künstliche Wimpern bei meinen Auftritten, weil ich realisiert hatte, dass sie aus der Entfernung schön wirkten. Die ganz langen habe ich mir aber nie ankleben lassen, ich wollte trotz allem, dass es noch irgendwie natürlich aussah. Und selbst das anfangs verhasste Haarteil ließ ich mir jeweils fürs Finale in meine Frisur einarbeiten.

Da passte es dann auch, denn als Stargast trug ich am Schluss der Vorstellung immer ein pompöses Kostüm, man legte mir glitzernden Schmuck um – das war eine ganz große Sache. Allerdings … einmal bin ich im Cape mit den großen weißen Federn gestolpert und vornübergefallen. Das war wirklich peinlich. Trommelwirbel, gleißendes Scheinwerferlicht, eine feierliche Ansage: «Meine Damen und Herren, Denise Biellmann …» und peng! lag ich auf dem Eis.

Diesmal fühlte ich mich bei Holiday on Ice heimischer als in meinem ersten Jahr, das mir einiges abverlangt hatte. Einerseits, weil ich die Abläufe in der Eisrevue bereits kannte, andererseits, weil eine andere junge Schweizerin mit auf Tournee kam. Ursi Fisch kannte ich von früher, vom Eiskunstlaufen. Wir hatten ein paar Sommertrainings miteinander verbracht, gingen ab und zu gemeinsam in die Disco und trafen uns auch sonst. Wir haben uns einfach gut verstanden. Ursi ist eine fröhliche, aufgestellte Person, deshalb freute ich mich sehr, dass wir beide zur selben Zeit bei dieser Show auftraten. Sie war Halbsolistin und auch Teil des Chorus. Durch Ursi wurde ich mehr in die Truppe integriert. Die anderen realisierten, dass ich keine Allüren hatte und umgänglich war. Ich trat zwar als Stargast auf, war aber eine normale junge Frau, die noch etwas naiv war und der manchmal auch Missgeschicke passierten, die eigentlich nicht hätten passieren dürfen.

Bei einer Premiere in Frankfurt oder Wiesbaden, ich weiß nicht mehr genau, wo es war, musste ich beispielsweise, gerade von einem Fernsehauftritt zurückgekehrt, aufs Eis. Für ein Einfahren vor der Show blieb keine Zeit mehr. Ich zog mich schnell um, schlüpfte in meine Schlittschuhe, denen man zuvor neue Eisen verpasst hatte, und fuhr hinaus. Diese Naivität! Heute würde ich so etwas nie machen, einfach aufs Eis, ohne das neue Eisen vorher auszuprobieren. Doch damals lief alles zack, zack ab. Mein Name wurde verkündet, ich setzte zum ersten Schritt an und ... rutschte. Das Eisen hatte keinen Schliff! Ich versuchte zu übersetzen, wollte in eine Pirouette, doch nichts ging.

Nervös blickte ich in Richtung des Tontechniker-Pultes und winkte ab. Dann wollte ich rasch vom Eis fahren. Doch der einzige Ausgang war versperrt. Dort standen während meiner Nummer immer Kulissen, die man danach für die nächste Nummer hinausschob. Hektisch zupfte ich an verschiedenen Stellen des Vorhangs und suchte einen Ausweg. Während der Tontechniker die Regler nach unten zog und die Musik meiner Nummer verstummte, musste ich über die Headers – die Umrandung der Eisbahn – steigen und dann auf den Spitzen meiner Schlittschuhe über den Beton zum Ton-Pult staksen. Dahinter hatte es eine Öffnung im Vorhang, und ich konnte mich endlich vor den vielen Blicken retten, die auf mich gerichtet waren.

Über Lautsprecher informierte man derweil das Publikum, dass es einen Zwischenfall gegeben habe, die Vorstellung aber gleich weitergehe. Dann wurde Musik ab Band eingespielt, denn die Läuferinnen und Läufer, die nach mir ihren Auftritt hatten, standen ja noch nicht bereit. Kaum, dass ich mich hinter dem Vorhang in Sicherheit gebracht hatte, stürzte sich schon der Tour-Manager auf mich. Er war richtig sauer und wollte wissen, was denn los sei. Ich antwortete ihm wahrheitsgemäß, dass ich mit den neuen Eisen nicht fahren könne, weil der Schliff fehle. Er flippte beinahe aus und sagte unwirsch: «So etwas probiert man doch vorher!»

Klar, dass hätte ich machen müssen, aber ich hatte dafür keine Zeit mehr gehabt. Und hatte auch nicht daran gedacht, als ich direkt vom Fernsehauftritt in meine Garderobe gerast war.

In Windeseile wurden die alten Eisen montiert, und ich konnte meine Nummer glücklicherweise doch noch laufen. Was für ein Fauxpas! Doch immerhin habe ich dadurch gelernt, dass man immer alles vorbereiten und testen muss.

Über solche Dinge amüsierte ich mich jeweils später mit Ursi in der Garderobe. Zwar zog sie sich als Halbsolistin mit den anderen aus dem Chorus in der gedrängten Garderobe um, zwischen den Vorstellungen war sie aber immer bei mir. Wir fläzten oft zusammen auf dem Sofa und quatschten miteinander.

Im Nachhinein konnten wir auch über das Ungeschick lachen, als einmal eine Öse meines Schlittschuhs weggespickt war. Ich hatte damals einen Tick und habe ständig meine Schlittschuhe neu geschnürt. Sie mussten sich einfach perfekt anfühlen. Schon während meiner Amateurkarriere trieb ich Mami und Herrn Hügin damit manchmal beinahe in den Wahnsinn. Auch an diesem Abend wollte ich Backstage den Bändel an meinem linken Schuh noch etwas enger binden. Doch plötzlich hielt eine Öse dem Zug des Bändels nicht mehr stand und flog davon. Ich versuchte trotzdem, die Schuhe fester zu schnüren, und bemühte mich zunächst, den Doppelknopf zu lösen, was mir aber nicht gelang. Ein paar Helfer eilten herbei. Weil es hinter dem Vorhang relativ dunkel war, hatten sie Taschenlampen dabei.

Während eifrige Finger nervös an meinen Schuhbändeln herumnestelten und versuchten, den Doppelknopf zu lösen, ertönte in der Halle bereits Trommelwirbel. Trotz intensiver Bemühungen blieb der Knoten standhaft, der Schuhbändel hing herunter und ich konnte so nicht laufen. Weil Holiday on Ice ab Band läuft, mussten die anderen improvisieren, und ich zeigte meine Nummer später – nachdem man den Bändel aufgeschnitten und neue Schnürsenkel eingezogen hatte.

In diesem Programm hatte ich übrigens jeweils kurz vor dem Finale einen außergewöhnlichen Auftritt: Ein paar Läufer schoben mich in einer großen schwarzen Kiste aufs Eis. Dort öffneten sie diese und ich fuhr hinaus, während auf der Rückwand der Kiste in riesigen Leuchtschrift-Buchstaben «Denise» zu lesen war. Ich lief zu moderner Musik, und die schönsten Männer des Casts – dieser Meinung war nicht nur ich – begleiteten mich als Hintergrundtänzer.

Mich begleiteten nicht nur die schönsten Boys des Casts, ich hatte auch immer noch die schönste Garderobe der Truppe. Ursi fand diese toll, und hielt mich deshalb davon ab, nochmals darauf hinzuweisen, dass ich eigentlich keine eigene bräuchte.

Ich war sehr froh um ihre Gesellschaft und habe mit Ursi in den Hotels auch das Zimmer geteilt. Wir übernachteten in Unterkünften, die sie sich leisten konnte, und nicht in denjenigen, die man mir zur Verfügung gestellt hatte. Mir gefiel das, aber manchmal gab es auch unangenehme Situationen, so zum Beispiel in Dortmund. Man muss vorausschicken, dass Ursi und ich damals sehr ähnlich aussahen: Wir waren etwa gleich groß und beide blond. Beim Einchecken ins Hotel verwechselte uns die Frau an der Rezeption. Anfangs war sie total freundlich zu Ursi … Frau Biellmann da und Frau Biellmann dort, mich hingegen beachtete sie kaum. Irgendwann wiesen wir sie auf die Verwechslung hin. Von da weg kam nur noch ich in den Genuss ihrer übertriebenen Freundlichkeit. Das war peinlich und auch nicht wirklich professionell. Man sollte ja zu allen Menschen gleich freundlich sein – unabhängig davon, wie berühmt sie sind. Zum Glück konnten wir beide auch in diesem Moment über das lachen, was vorgefallen war.

Mit Ursi in der Truppe konnte ich die Zeit bei der großen Eisrevue wirklich genießen. Zudem gab es im Chorus diese Saison einen jungen Läufer, der wie David Bowie aussah und mir schon von Beginn weg aufgefallen war. Wirklich kennen lernte ich meine große Liebe Colin aber erst ein paar Wochen später.

Colin I

Dieser hübsche blonde Junge stach mir sofort ins Auge, als ich ihn zum ersten Mal auf dem Eis sah – im September 1982, in Nizza. Ich war dorthin geflogen, um meine Solos für das zweite Jahr bei Holiday on Ice einzustudieren. Da auch bereits das Finale geprobt wurde, war der ganze Cast anwesend. Mami hatte mich begleitet, und gemeinsam schauten wir in einer riesigen Halle auf das Eis hinunter. Dort waren etwa 40 Läufer versammelt, alle probten. Einer von ihnen war auffallend cool angezogen: Er trug blaue Stulpen, die mir sehr gefielen, und im Aussehen erinnerte mich der junge Mann an David Bowie: Colin, 20 Jahre alt, aus Sutton-in-Ashfield in England. Meine große Liebe – bis heute. Auch wenn wir uns zwischendurch trennten und uns sogar scheiden ließen.

Genaugenommen hatten sich unsere Wege schon ein paar Jahre zuvor gekreuzt, als ich am bereits erwähnten Anlass zum Silbernen Thronjubiläum der englischen Königin in der Wembley-Arena auftrat. Auch Colin saß damals im Publikum. Er war mit seinem Eislaufclub angereist, um diese große internationale Eis-Gala zu sehen. Die etwas älteren Fräuleins beeindruckten ihn damals aber mehr als ich, das 14-jährige Sprungtalent aus der Schweiz.

In Nizza nahm er mich im Herbst 1982 zwar als Stargast wahr, aber wir wechselten kein Wort miteinander. Auch zu Beginn der Tournee von Holiday on Ice waren wir einander noch nicht nähergekommen. Colin trat zwar zusammen mit mir auf, als einer der Boys, die meine Nummern begleiteten, ansonsten hatten wir jedoch nichts miteinander zu tun.

Glücklicherweise war er aber im selben Chorus wie Ursi, sie war eine Kollegin von ihm, und so habe ich Colin kennengelernt. Es funkte aber auch dann nicht auf Anhieb zwischen uns. Ich fand ihn zwar toll und er mich auch, aber ich war immer noch eher scheu, wenn mir jemand gefiel, und für Colin wiederum war ich der Weltstar.

Ein paar Wochen später, in Köln, machte es dann richtig Klick – an einer Party nach der Show. An diesem Abend küssten wir uns auch zum ersten Mal. Eine Läuferin, die etwas eifersüchtig war, bemerkte zwar, das mache Colin mit jeder – er küsse eine Frau und am nächsten Tag tue er so, als sei nichts gewesen. Jung wie ich war, nahm ich das auf die leichte Schulter. Ich dachte nur: «Seltsam, aber, na gut, dann sage ich halt mal nichts mehr.» Colin hingegen fragte sich, wieso ich mich nach unserem Kuss so eigenartig verhielt. Zum Glück sprach er mich darauf an, und wir konnten dieses Missverständnis rasch aus dem Weg räumen.

Bald schon zog ich zu ihm in seinen Wohnwagen, in dem er während der Tournee lebte. Für Ursi war das natürlich nicht so toll. Sie war wieder allein in den Hotelzimmern, aber manchmal verbrachten wir auch zu dritt Zeit in meiner Garderobe. Für mich dauerte die Tournee nur noch ein paar Wochen, mein Vertrag war ja auf 16 Wochen befristet. Und so kehrte ich bald nach Zürich zurück, während Colin mit der Truppe weiter nach Frankreich reiste.

Als Holiday on Ice in Paris gastierte, besuchte ich ihn dort. Wir hatten eine tolle Zeit zusammen, gingen zu Shows im Lido und im Moulin Rouge. Colin trug jeweils seinen weißen John-Travolta-Anzug und ich ein pinkfarbenes Minikleid. Wir waren jung und frisch verliebt. Das war anfangs natürlich ein ständiges Hin und Her, und wenn wir uns nicht sahen, vermissten wir einander unglaublich.

Während einer Pause der Eisrevue fuhr Colin im Sommer 1983 mit seinem Auto samt Wohnwagen von Västerås in Schweden nach Zürich, um mich zu besuchen. Bei diesem Aufenthalt entschied er sich, nicht mehr zu Holiday on Ice zurückzukehren und bei mir in der Schweiz zu bleiben. Da ich noch keine eigene Wohnung hatte, lebten wir zuerst bei meinen Eltern. Colin lernte Deutsch und begann eine Lehre als Elektrozeichner. Er war ja schon als 17-Jähriger zu Holiday on Ice gegangen und hatte seither nichts anderes gemacht als Eislaufen. Wir hatten zunächst überlegt, ob er nicht einfach Trainer werden solle, aber Colin bevorzugte eine Lehre.

Natürlich erfuhr auch die Presse schnell von unserer Liebe. Bereits vorher waren immer Journalisten aufgetaucht, wenn ich einen neuen Freund hatte. Ganz am Anfang unserer Beziehung wollten deutsche Journalisten eine Geschichte über Colin und mich schreiben. Für sie gehörte auch ein Besuch im Wohnwagen dazu, aber wir waren dagegen. Das ist ja auch nervig: Kaum hatte man jemanden kennengelernt, da tauchte schon die Presse auf und stellte viel zu persönliche Fragen. So etwas ist nicht gut für eine Beziehung.

Nach unserer Absage kam trotzdem eines Morgens ein Journalist vorbei und riss einfach die Tür des Wohnwagens auf –

wir lagen noch im Bett. Da wurde ich richtig sauer. So etwas wäre heute nicht mehr denkbar. Damit die Journalisten endlich Ruhe gaben und um solch einen unangenehmen Moment nicht noch einmal erleben zu müssen, haben wir dann in Berlin unser Okay für eine Homestory gegeben.

Für die Presse war unsere Liebesgeschichte natürlich spannend. Wenn mich Journalisten am Flughafen sahen, lautete ihre Standardfrage: «Wohin fliegst du?» Und natürlich wussten alle, in welchen Städten Holiday on Ice jeweils zu Gast war. Als sie herausbekamen, dass ich Colin in Paris besuchte, fragten sie sofort: «Können wir ein Interview machen?» Und dann kamen sie am nächsten Tag einfach mit Croissants vorbei, obwohl wir gar keinen Termin vereinbart hatten. Das war einfach zu viel. Natürlich wollten die Journalisten auch wissen, wo Colin aufgewachsen war und schlugen deshalb eine Homestory bei seinen Eltern vor. Sie setzten uns dann auch etwas unter Druck. Wir hatten die Wahl: Entweder stimmten wir einer Geschichte zu, die wir «kontrollieren» konnten und die auch zeitlich begrenzt war, oder die Presse würde vor Colins Elternhaus auf uns warten, Fotos machen und einfach ihre Geschichte dazu schreiben.

Mit der Zeit haben wir gelernt, mit dieser Medienpräsenz umzugehen. Ich wusste ja, dass es am besten läuft, wenn man mit der Presse zusammenarbeitet, statt Nein zu sagen. Doch am Anfang unserer Beziehung wollte ich Colin und seine Familie einfach schützen.

Als Colin noch nicht fix in Zürich lebte, rief eines Tages jemand vom «Blick» an. Der Journalist wollte wissen, wo ich sei. Meine Mutter sagte ihm, dass wir in England weilten. Natürlich folgte dann gleich die nächste Frage. Der Journalist wollte wissen, wann wir nach Zürich zurückkehrten, und Mami gab ihm bereitwillig Auskunft. Als wir nach Hause kamen, stand bereits die Presse vor dem Haus. Die Journalisten und Fotografen hatten den ganzen Tag auf uns gewartet, so richtig wie Paparazzi. Einer von ihnen hatte sich sogar auf einem kleinen Camping-Kocher auf dem Trottoir etwas zu essen zubereitet.

Weil Colin als Engländer nicht für längere Zeit in der Schweiz leben durfte, haben wir bereits 1984 geheiratet. Wir hätten zwar gerne zuerst zusammengewohnt, bevor wir diesen Schritt wagten, aber die Umstände waren anders. Wir liebten uns und wollten zusammenbleiben, aber alles ging sehr schnell. Als wir den Bund der Ehe schlossen, waren wir beide sehr jung.

In den Jahren danach entwickelten wir uns in verschiedene Richtungen, und irgendwann schien eine Scheidung unvermeidbar. Nach sieben Jahren gingen wir schließlich getrennte Wege.

Vom Star auf dem Eis zum Star in der Manege

Bereits als Kind bin ich sehr gern auf Stangen herumgeturnt und wollte Seiltänzerin werden. Dieser Wunsch erfüllte sich Anfang der 1980er-Jahre nicht ganz, aber ich durfte trotzdem ein bisschen Zirkusluft schnuppern. Man hatte mich damals angefragt, ob ich bei «Stars in der Manege» mitmachen wolle. Mein Entscheid war rasch gefällt, und ich freute mich sehr auf dieses einzigartige Erlebnis. Was ich jedoch zeigen sollte, war eine heftige Nummer, selbst für mich, die ich schon als kleines Mädchen furchtlos vom Fünf-Meter-Turm gesprungen war.

Die Verantwortlichen der Wohltätigkeitsveranstaltung, an der Prominente aus verschiedensten Bereichen teilnahmen, hatten für mich eine Luftnummer mit einem Profi-Akrobaten vorgesehen. Eine ganze Woche lang trainierte ich im «Circus Krone» in München für den Auftritt. Meine Mutter meint, die Nummer sei «mordsmäßig» gefährlich gewesen. Zum Glück haben wir nicht unter dem Zirkusdach geübt, sondern nur so hoch ab Boden, dass mein Kopf diesen beim Training nicht berührte. Erst für die Hauptprobe ging es hinauf. Das Trapez befand sich in etwa zehn Metern Höhe, und ich kletterte an einer Strickleiter hoch – ein Netz gab es nicht. Ich hatte damals wirklich Angst, denn am Trapez waren ganz andere Bewegungen gefragt, als ich sie vom Eiskunstlaufen her kannte.

Mami und ich hatten beschlossen, dass ich die auf den Kopf gestellte Biellmann-Pirouette zeigen würde. Mein Partner und ich waren über ein Seil verbunden. Dieses hatte man bei ihm an einer Halskrause fixiert, während am anderen Ende mein Fuß in einer Schlinge hing. Am Tag der Aufzeichnung bekam der Akrobat vor lauter Anstrengung gar noch Nasenbluten. Heute würde ich so etwas nicht mehr ohne Netz machen. Aber es war schon eine spektakuläre Show. Meine Mutter saß unten im Publikum. Sie war stolz auf mich und zitterte gleichzeitig vor Angst. Damals wurde ein Foto gemacht, das mich zeigt, wie ich an der Strickleiter hochklettere, in ein wunderschönes Cape gehüllt. Mami hat einen Abzug davon erhalten und im Elternschlafzimmer aufgehängt, wo es bis heute geblieben ist.

Nach meinem Auftritt bei Stars in der Manege schmerzte mein ganzer Körper. Viel Zeit zur Erholung blieb mir jedoch nicht. Eine Woche später musste ich bereits wieder für eine Show nach Amerika. Die Anfang Dezember aufgenommene Vorstellung wurde dann am zweiten Weihnachtstag von verschiedenen Fernsehsendern in Deutschland, Österreich und der Schweiz ausgestrahlt. Jahre später habe ich nochmals eine Luftakrobatik-Nummer gewagt. In der Unterhaltungsshow der Moderatorin Carmen Nebel bin ich wieder an einem Trapez aufgetreten, dieses Mal aber allein. Die Nummer war nicht mehr ganz so gefährlich wie damals in München, doch ich war in der Zwischenzeit auch 30 Jahre älter geworden.

«Bei mir geht es auf dem Eis ab!» – Profi-Wettkämpfe I

Nachdem ich den WM-Titel erreicht hatte, musste ich keine Zukunftspläne mehr machen. Ich wurde mit Angeboten überhäuft, ging mit dem Flow, und ständig öffneten sich mir neue Türen. Eine war gleich nach Hartford aufgegangen, als mich Dick Button anfragte, ob ich nicht ins Lager der Profi-Wettkämpfe wechseln wolle. Mein neu errungener Titel ermöglichte es mir ja, mich nun mit anderen ehemaligen Weltmeisterinnen zu messen. Zunächst hatte ich mich aber auf mein Engagement bei Holiday on Ice konzentriert und trat daneben erst sporadisch bei Profi-Wettkämpfen an. Nach zwei Jahren Showleben wollte ich mich 1983 hauptsächlich dieser Herausforderung widmen.

Dick Button war selbst ein ehemaliger Eiskunst-Weltmeister und damals einer der bekanntesten Organisatoren der verschiedenen Profi-Wettkämpfe in Amerika. Er hatte immer wieder nachgefragt, ob ich nicht bei den World Pro Competitions mitmachen wolle. Als ich mich dann für diese von ihm organisierten Wettkämpfe entschieden hatte, wartete er nicht lange und reiste umgehend zu mir in die Schweiz. Wir trafen uns am Flughafen Zürich-Kloten, und er hatte einen lukrativen Vertrag für mich dabei. Nachdem das Geschäftliche geregelt war, kehrte er sofort wieder zurück nach New York. Gleich nach Unterzeichnung des Vertrages wurde mir eine Gage überwiesen und danach verdiente ich je nach Wettkampf-Rang nochmals. Als Profi konnte ich wirklich absahnen.

Doch auch diese Welt erschien mir zunächst sehr irreal. Alles war ein bisschen verrückt. So wurde beispielsweise ein Filmteam aus Amerika eingeflogen. Dieses drehte einen Werbeclip mit mir und begleitete mich überall hin. Von so einer Welt hatte ich zuvor nur gelesen. Und plötzlich waren da Menschen um mich, die sonst in Hollywood verkehrten. Doch nach meinen Erfahrungen bei Holiday on Ice ging ich gelassener an so etwas heran. Natürlich empfand ich immer noch einen gewissen Druck, aber ich konnte viel besser damit umgehen als zu Beginn der Eisrevue. Irgendwie fand ich das Ganze nun ziemlich spannend und amüsant.

Bis März 1983 trat ich noch bei Holiday on Ice auf und nahm dann an den Profi-Weltmeisterschaften teil. Auch wenn ich immer mal wieder für Gastauftritte zur Eisrevue zurückkehrte, war ich danach hauptsächlich für Profi-Wettkämpfe und Shows unterwegs. Die meisten Wettkämpfe fanden jeweils von November bis Januar statt, dazwischen reiste ich für Shows durch die verschiedensten Länder. Diese Veranstaltungen führten mich unter anderem nach Kanada, Amerika, Japan und Russland. Mir hat diese Zeit sehr gefallen, auch abseits vom Eis habe ich viele schöne Momente erlebt.

Nach der Weltmeisterschaft in Hartford hatte ich gedacht, dass ich noch etwa zwei Jahre fahren und dann aufhören würde. Schon damals waren erstmals Gedanken aufgekommen, dass ich danach selbst Trainerin werden könnte. Doch irgendwie wurde ich das Gefühl nicht los, dass dieser Job nicht zu mir passte.

Wenn ich zurückblicke, war meine Zeit bei den Profi-Wettkämpfen eine der besten meines Lebens. Zwar gab es auch dort zu Beginn gewisse Schwierigkeiten, weil mich die Preisrichter zunächst nicht ganz fair benoteten. Die meisten von ihnen waren Amerikaner wie die Mehrheit meiner Herausforderinnen auch. Deshalb lief die Bewertung am Anfang darauf hinaus, dass eine Amerikanerin gewann und ich Zweite wurde.

Natürlich konnte ich solche Benotungen nach einer tollen Kür nicht einfach so wegstecken. In der Nacht darauf war ich traurig und konnte nicht schlafen. Meist ging es am nächsten Tag bereits wieder an einen anderen Ort. Ich kämpfte mich derweil aus meinem Tief und machte weiter. Irgendwie haben mir diese Tiefschläge aber auch geholfen. Zusammen mit Mami, die mich bei den Profi-Wettkämpfen begleitete, machte ich mir mehr Gedanken zur Choreografie und probierte andere Dinge aus. Ein Journalist sagte einmal an einer offiziellen Pressekonferenz, er fände es bewundernswert, dass ich jedes Jahr wiederkäme, obwohl er das Gefühl habe, dass ich unfair benotet würde. Meine Antwort war gleichzeitig auch eine Ansage. «Ich werde einfach immer besser, mache originellere Choreografien und baue noch einen dreifachen Sprung mehr ein», ließ ich den Mann wissen.

Meine Energielevel war hoch, und ich hatte viele neue Ideen. Ich ging Wagnisse ein, zeigte verrückte Nummern und lief zu moderner Musik wie House oder Hip-Hop. Ich wollte einfach wissen, wie die Leute darauf reagieren. Nach meinen Auftritten erhielt ich vom Publikum immer frenetischen Applaus – doch dann folgten die Noten der Jury.

Bei besonders tiefen Bewertungen wurden die Preisrichter minutenlang ausgebuht oder ausgepfiffen. Das war schon ein besonderes Gefühl, wenn man so viele Menschen hinter sich spürte. Trotzdem beurteilte nicht das Publikum, sondern die Jury meinen Auftritt. Als ich einen Preisrichter einmal fragte, wieso seine Benotung so tief ausgefallen sei, gab er meinen «europäischen Laufstil» als Grund an. Ich war die erste Läuferin, die etwas ausgefallenere Küren zeigte. Zudem trug ich teilweise bauchfreie Tops – das hatte es zuvor nie gegeben. Aber ich wollte nicht dasselbe zeigen wie alle anderen, das war mir zu langweilig. Und das Publikum liebte meinen Stil. Die Preisrichter wollten anfangs aber lieber gängige Choreografien zu klassischer Musik sehen. Vielleicht musste sich dieses Gremium, das mehrheitlich aus älteren Männern und Frauen bestand, zuerst auch an meinen Stil gewöhnen.

Buttons World Pro Competitions war die erste Profi-Wettkampf-Serie, bei der ich antrat, später kamen auch Wettkämpfe dazu, die IMG und andere Veranstalter organisiert haben. Die größten amerikanischen Fernsehsender übertrugen diese Veranstaltungen jeweils live. Die Hallen, in denen wir auftraten, boten bis zu 18 000 Zuschauern Platz. Für das Ganze wurde ein großer finanzieller Aufwand betrieben: Sponsoren mussten gesucht und Gagen bezahlt werden. Um künstlerisch noch attraktivere Programme zeigen zu können, fragte ich auch bekannte Choreografen um ihre Mithilfe an. Einer davon war Robin Cousins, ein ehemaliger Olympiasieger im Eiskunstlauf und zugegebenermaßen auch ein Schwarm von mir. Der Engländer war in Amerika sehr bekannt und hat wirkliche tolle Choreografien entwickelt.

In Zürich arbeitete ich mit Gordon Coster zusammen. Er war für die flippigen Nummern zuständig, Robin schuf eher klassisch-elegante Choreos für mich. Mithilfe dieser beiden konnte ich mich künstlerisch stark weiterentwickeln, aber auch technisch habe ich Gas gegeben. Zu Beginn hatte ich gedacht, dass zwei, drei Dreifach-Sprünge pro Nummer reichen würden, dann begann ich alle Sprünge reinzupacken. Den Dreifachen Lutz habe ich beinahe immer gebracht. Ich habe mich nochmals richtig verbessert, in allem – in der Choreografie, in der Kreativität, in den Sprüngen.

Das Publikum realisierte bald, dass ich nicht mehr das junge Mädchen aus der Schweiz war, das im hellblauen *Röckli* in Hartford den WM-Titel errungen hatte. Ich zeigte ganz neue Facetten von mir. Nicht nur meine Musik-Auswahl war anders, sondern auch meine Outfits. Ich wollte textilmäßig einen moderneren Stil reinbringen. Deshalb kreierte meine Kostümdesignerin Barbara extravagante Outfits, die jeweils perfekt zu der von mir gezeigten Nummer passten. Manchmal fuhr ich im Lack-*Röckli*, in Hotpants oder einem gewagten Catsuit. Bei den Profis konnte ich mich ganz neu ausleben.

Dem amerikanischen Publikum gefielen die Nummern, welche Robin Cousins für mich zusammengestellt hatte, sehr. Er ist auch ein wahrer Künstler, seine Choreografien waren wie Bilder. Zudem gab es auch immer mehr Preisrichter, die sich darüber freuten, wenn ich zu Techno lief. Für mich ist das «Abgehmusik», dazu zu fahren, war ein richtiger Kick für mich. Während meiner Profikarriere war ich selten in Discos anzutreffen und habe damals immer gesagt: «Bei mir geht es auf dem Eis ab!» Nachdem die anfänglichen Hürden abgebaut waren, habe ich fast jeden Wettkampf gewonnen. Und dies, obwohl meine Gegnerinnen immer jünger wurden.

Meine Mutter hat mich als mein Coach oft begleitet. So konnte ich ihr auch etwas zurückgeben für all das, was sie während meiner Kindheit für mich geleistet hatte. Bei Holiday on Ice hatte ich mich mit dem Luxus, der mir geboten wurde, noch schwergetan. Doch gemeinsam mit Mami konnte ich ihn genießen. Wir durften in den schönsten Hotels übernachten, wurden von Limousinen abgeholt und erfuhren in unseren Augen eine königliche Behandlung.

Mami II

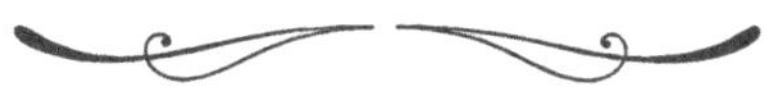

Mit meiner Mutter an meiner Seite fühlte ich mich sicher. Das war so, als ich ganz jung war, aber auch später, bei den Profis. Nach der Weltmeisterschaft in Hartford trainierte mich nur noch Mami. Sie war bei jedem Wettkampf dabei und bei jedem Schaulaufen. Sie war meine treue Begleiterin. Selbst mit 30 Jahren habe ich sie während eines Wettkampfes immer an der Bande gesehen. Sie trug jeweils orangefarbene oder weiße Kleider, damit sie aus der Menschenmenge hervorstach. Meine Mutter war mein größter Halt, und sie hat mich in allem bestärkt. Gemeinsam haben wir so viele tolle Dinge erlebt, sind miteinander gereist, haben gemeinsam unter schlechten Benotungen gelitten und uns über gute gefreut.

Wenn wir zusammen unterwegs waren, begann unser Tag mit einem gemeinsamen Frühstück und endete mit einem gemeinsamen Abendessen. Während meiner Zeit als Profi begleitete sie mich auch zu offiziellen Essen. Ich erinnere mich, dass die Bürgermeister in Bangkok oder Singapur ihre Anwesenheit sehr schätzten. Meine Mutter ist eine kommunikative Frau, und die Herren genossen es, sich mit ihr zu unterhalten. In Singapur musste jedoch auch sie sich sehr beherrschen, als wir uns am Dessertbuffet ein großes Stück Kuchen geholt hatten. Voller Vorfreude führten wir die Gabel zum Mund – doch die vermeintliche Süßspeise entpuppte sich als salzig. Vor all diesen hochrangigen Menschen durften wir uns aber keine Blöße geben und aßen unsere «Kuchenstücke» deshalb tapfer auf.

Mami ist eine außergewöhnliche Frau und eine sehr unterhaltsame Person. Zudem ist sie ist eine Macherin. Für Dinge, die ihr wichtig sind, setzt sie sich ohne Wenn und Aber ein. Wenn früher beispielsweise etwas auf dem Eis nicht in Ordnung war, ging sie schnurstracks zum Eismeister und verlangte, dass das Problem gelöst wurde. Sie ist direkt und sagt geradeheraus, was sie denkt. Das hat sie immer schon gemacht, und mit dem Älterwerden hat sich dieser Charakterzug noch verstärkt.

Meine Mutter ist mein Vorbild, in vielen Dingen, und ich mag ihre lebendige Art. Mit ihr ist es nie langweilig. Während meinen Show-Tourneen reiste sie teilweise auch mit der Truppe und hat im Tourbus alle unterhalten. Mit ihr ist es immer lustig, sie strahlt so viel Positives aus und kann andere mit ihrem Temperament mitreißen. Das hat sie wohl von ihrem Vater, der ungarische Wurzeln hatte. Sie ist meinem Großvater, der Coiffeur und Musiker war, sehr ähnlich. In seiner Familie gab es Verwandte, die als Schauspieler oder beim Zirkus auftraten. Auch meine Mutter hat dieses Gen, denn sie ist die geborene Komödiantin und wäre gerne selbst Schauspielerin geworden. Früher, als sie beim Telegraphenamt arbeitete, trat sie immer bei Betriebsfesten auf. Wenn sie heute jung wäre, würde sie wohl Comedian werden.

Mami war auch sportlich sehr talentiert. Das habe ich von ihr geerbt – nebst ihrem Körperbau und ihren kräftigen Beinen. Doch weil sie während des Zweiten Weltkrieges aufgewachsen ist, konnte sie erst als junge Frau zu trainieren beginnen. Aber dann hat sie alles, was sie angepackt hat, sehr erfolgreich durchgezogen. Sie war die Schnellste im Rennen, die Beste im Ballett. Mit Eiskunstlaufen hat sie erst spät begonnen.

Blumen, Autogramme und Liebesbriefe – Fans und Verehrer

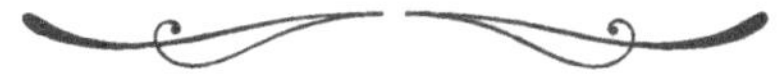

Seit ich ungefähr elf Jahre alt bin, erhalte ich immer wieder Fanpost. Zuerst waren es oft Zeichnungen von Kindern, dann vermehrt Briefe, Liebesbriefe, Gedichte oder gar Liedtexte, einmal hat jemand sogar ein Büchlein zusammengestellt mit dem Titel «Briefe an Denise oder die Gedanken eines Fans». Ich fand es toll, so viele Ermunterungen und Glückwünsche zu erhalten, und einige der Briefe und Zeichnungen haben wir in den Alben, die meine Mutter erstellt hat, festgehalten. Meine Fans freuten sich über meine Erfolge und teilten mir dies auf verschiedene Arten mit. Wenn jedoch irgendwo in einer Zeitung Fotos erschienen, die mich im Bikini zeigten oder auf irgendeine Art sexy anmuteten, haben auch sogenannte Verehrer bei uns zu Hause angerufen oder gar an der Tür geklingelt. Manchmal mussten wir deswegen gar die Polizei rufen.

Je bekannter ich wurde, desto öfter landeten nach dem Kurzprogramm oder der Kür auch Blumen und Plüschtiere auf dem Eis. Nach dem Weltmeisterschaftstitel wurde die Fanpost säckeweise zu uns nach Hause gebracht. Manchmal erhielt ich bis zu 900 Briefe pro Tag … der arme *Pöstler*. Natürlich versuchte ich allen Fans zu antworten, meistens mit einer Autogrammkarte. Meine gesamte Familie half mir – Mutter, Vater, Schwester –, sogar eine Tante packte mit an.

Ich habe damals so viele Plüschtiere bekommen, dass ich natürlich nicht alle behalten konnte. Damit sich andere auch darüber freuen konnten, habe ich viele in Kinderheime oder zur Heilsarmee gebracht. Ein paar befinden sich aber noch heute in einem Kistchen neben meinem Bett, und einige davon tragen immer noch das Original-Kärtchen, auf dem der Name des Fans steht, dem ich dieses Geschenk zu verdanken habe.

Nebst den üblichen Fans hatte ich auch sehr viele Verehrer. Das wurde mir schnell zu viel, und ich wehrte diese Männer ab. Ihre Einladungen waren mir unangenehm, auch wenn es nette Typen waren. So habe ich zum Beispiel bei Holiday on Ice bei einem Pressetermin einmal einen Plattenproduzenten kennengelernt, der mich in sein Studio nach Berlin einlud. Er war sehr höflich, aber als er mir zu schreiben begann und mich besuchen wollte, war ich genervt. Ich wollte nichts von ihm, denn er war älter als ich, ungefähr dreißig, und ich stand auf Gleichaltrige.

Es störte mich, dass mich so viele Männer zum Essen einluden; zudem waren es oft ältere Herren. Mir behagte das alles nicht. Ich wollte nicht schick ausgehen mit diesen Männern, sondern lieber allein essen oder mit meinen Kolleginnen zusammen sein. Außerdem spürte ich, dass die meisten von ihnen sich mehr wünschten als nur ein gemeinsames Essen. Zum Glück konnte ich diese Avancen immer gut abblocken. Auch bei der Eisrevue luden mich einige Läufer in ihre Wohnwagen ein, wo manchmal gekifft wurde, aber auch dort ging ich nicht auf solche Angebote ein.

Als ich bei Holiday on Ice auftrat, reimte sich die Presse zudem eine Geschichte mit dem 20 Jahre älteren Hans-Jürgen Bäumler zusammen. Er war vor mir mit seiner Tanzpartnerin als Stargast bei der Eisrevue aufgetreten. Die beiden erschienen auch gemeinsam zu meiner Premiere bei Holiday on Ice. Trotzdem wurde in Artikeln darüber spekuliert, ob ich Marika Kilius «abgelöst» hätte, und aus Hans-Jürgen und mir wurde flugs «das neue Traumpaar auf dem Eis» gemacht.

Wir hatten jedoch nie entsprechende Pläne gehabt. Ich wollte solo laufen, ich bin keine Paarläuferin. Weil ich Hans-Jürgen jedoch persönlich kannte, wollte ich die Sache richtigstellen und ließ die Schweizer Presse wissen, ich schätze und möge den Eiskunstläufer, doch es gäbe keine näheren Kontakte zu ihm. Dieses Statement funktionierte nicht wirklich, weiterhin erschienen Storys über uns in den Zeitungen, oft auch in deutschen: Bäumler lasse seine Tanzpartnerin sitzen, weil er lieber mit mir, der jüngeren Frau, auftreten wolle, wurde beispielsweise berichtet. Solche Artikel waren weder mit der Leitung der Eisrevue noch mit Hans-Jürgen oder mir abgesprochen worden. Nachdem wir gemeinsam bei der beliebten Fernsehshow «Dalli Dalli» aufgetreten waren, wurde gleich geschrieben: «Bahnt sich mehr an?» Das Ganze gipfelte darin, dass wir in vertrauter Pose vom Titelbild einer deutschen Zeitschrift lächelten. Dafür hatte man ein Bild der beiden bearbeitet und meinen Kopf via Fotomontage auf Marikas Körper platziert. Die Geschichte lief ziemlich aus dem Ruder, und wir sahen uns irgendwann gezwungen, unsere sogenannte Liaison zu dementieren. Darauf folgte prompt die Schlagzeile «Vom Traumpaar nicht die Rede, getrennte Wege». Mehr als einmal bin ich damals an einem Kiosk vorbeigelaufen, habe die Schlagzeilen auf den Plakaten gesehen und gedacht: «Wie bitte? Was schreiben die denn da?»

Das Sache mit den Verehrern wurde erst etwas besser, als ich Colin heiratete. Trotzdem gab es auch danach noch seltsame Situationen, beispielsweise als mich ein Geschäftspartner nach drei Jahren Zusammenarbeit spätabends zu einem gemeinsamen Abendessen einladen wollte. Nicht nur ich, sondern auch mein Manager fand das irgendwie merkwürdig. Deshalb schlugen wir dem Mann anstelle des Abendessens ein Mittagessen mit uns allen vor. Mein Vertrag wurde danach nicht mehr verlängert …

Unter meinen Bewunderern gab es auch ein paar wirklich schräge Typen. Bei Holiday on Ice ist mal einer einfach so hereingestürmt, in Richtung meiner Garderobe. Die Sicherheitsleute, die immer backstage beim Eingang positioniert waren, konnten den Mann gerade noch erwischen. Es war ein Deutscher, der verschiedene Vorstellungen besucht und immer in der ersten Reihe gesessen hatte. Tagsüber war er ständig um die Halle geschlichen, in der wir abends auftraten. Die Sicherheitsleute schickten ihn jedes Mal weg, aber er kam immer wieder. Er schrieb mir, dass er schon einen Verlobungsring habe, den er mir übergeben wolle.

Mein hartnäckigster Verehrer ist jedoch ein Amerikaner. Er hat mir bereits vor der Weltmeisterschaft in Hartford geschrieben. Dem Brief legte er ein Büchlein bei, in dem er meine Choreografie aufgezeichnet hatte und mir auch Farbempfehlungen für das Kostüm gab, das ich am Wettbewerb tragen sollte. Nach meinem Sieg hatte er an der Hotel-Rezeption meine Zimmernummer erfragt und danach abends an unsere Tür geklopft – damals war das Hotelpersonal noch nicht darauf geschult, solche Informationen nicht weiterzugeben. Meine Mutter öffnete, und der Mann lud uns für den nächsten Morgen zum gemeinsamen Frühstück ein. Mami dachte etwas naiv, dass solche Dinge in Amerika vielleicht üblich wären und sagte zu. Ich war überhaupt nicht erfreut, und das Treffen am nächsten Tag war sehr unangenehm, denn der Mann brauchte kaum ein Wort über die Lippen.

Als wir auf Tournee gingen, waren Mami und ich etwas verunsichert, weil wir nicht wussten, ob dieser Mann uns nachreisen würde. Deshalb benachrichtigen wir die Organisatoren der Show, und danach galt in allen Hotels, in denen wir übernachteten, eine Informationssperre.

Nachdem ich in die Schweiz zurückgekehrt war, erhielt ich täglich mehrere Briefe von diesem «Verehrer», manchmal bis zu 20 Stück – jeweils per Express. Anfangs habe ich diese Briefe noch gelesen, ich musste mich ja vergewissern, dass er keine Bedrohung darstellte. Doch in diesen Briefen baute er eine Fantasiewelt auf und beschrieb, wie er sich ein gemeinsames Leben mit mir vorstellte, sogar eine Hochzeit hat er imaginiert. Das Ganze war sehr unangenehm, aber ich war froh, dass er so weit entfernt lebte. Nach einem Jahr wurden die Briefe weniger, aber ich bewahrte sie nun auf. Falls er doch einmal bei uns auftauchen sollte, wollte ich Beweise zur Hand haben, um allenfalls gegen ihn vorzugehen. Irgendwann wurde es schließlich ganz ruhig um ihn, und ich dachte erleichtert, ich würde nichts mehr von ihm hören.

Als ich jedoch mit meiner Website online ging, begann er mich auf diesem Weg erneut zu kontaktieren. Dieser Mann aus New York schreibt mir noch heute und beendet seine «Briefe» noch immer mit «Your fiance – Dein Verlobter».

Geburtstagsständchen von 18'000 Menschen – Profi-Wettkämpfe II

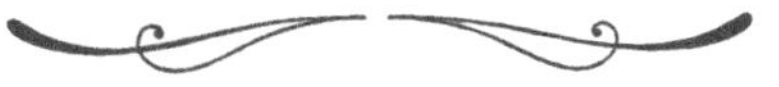

Die Profi-Weltmeisterschaften wurden in verschiedenen Ländern ausgetragen, 1984 beispielsweise in Japan, wo ich schon als 14-Jährige als Amateur-Eisläuferin angetreten war. In Tokio und Sapporo fanden mehrere Wettkämpfe statt, und natürlich durften auch die Shows nicht fehlen. Mit dem japanischen Essen hatte ich zwar immer noch etwas Mühe, aber die Unterkünfte haben mir sehr gefallen, und einmal konnten wir vom Hotelzimmer aus sogar den bekannten Berg Fujiyama sehen.

Beim Training trug ich oft ein T-Shirt, das ich in einer Shopping Mall gekaufte hatte. Japan war kleidermäßig perfekt für meine Mutter und mich. Die Leute dort sind auch eher klein, und demzufolge passten uns die japanischen Kleider oft recht gut. Auf dem bereits erwähnten Shirt prangte vorn ein Schriftzeichen, dessen Bedeutung ich aber nicht kannte. Ich mochte es sehr und trug es auch zu Interviews. Die Japaner lächelten dann immer vielsagend, aber ich wusste nicht, weshalb. Die Menschen in diesem Land sind ja sehr zurückhaltend. Irgendwann fragte ich jemanden, was denn die Bedeutung des Schriftzeichens sei. Die Antwort – «Number 1» – machte mich allerdings verlegen. Dass ich vor dem Wettkampf ein T-Shirt trug, worauf ich mich sozusagen als Gewinnerin zeigte, war mir ein bisschen peinlich.

Meist konnte ich zwischen den Wettkämpfen in die Schweiz zurückfliegen, worüber ich sehr froh war. In einer Saison flog ich von Oktober bis Februar sieben Mal zwischen Amerika und der Schweiz hin und her. Es war mir auch als Profi wichtig, ab und zu daheim zu sein und Colin, meine Freunde und meine Familie zu sehen. Manchmal standen aber auch noch Shows zwischen den Wettkämpfen an. Bis diese stattfanden, ergaben sich mehrtägige Pausen, und so konnten Mami und ich auch ein wenig von dem Land entdecken, in dem wir uns gerade aufhielten.

In Amerika machten wir einmal in Sun Valley Zwischenstation. Obwohl nur ein Auftritt eingeplant war, konnte ich insgesamt zwei Wochen in diesem Ferienort im Bundesstaat Idaho trainieren. Eines Tages saß Arnold Schwarzenegger höchstpersönlich auf der Tribüne der offenen Eisbahn und schaute zu. Natürlich erkannten die Menschen den berühmten Schauspieler, und plötzlich herrschte emsiges Treiben in den Rängen. Und mich packte unten auf dem Eis eine gewisse Nervosität … man trainiert ja nicht alle Tage vor einem Hollywood-Star.

Mami und ich waren auch in Chicago, Toronto, Ottawa, Washington und New York. Damals herrschte ein richtiger Eiskunstlauf-Boom. Wir Eiskunstläufer sind in den größten Hallen aufgetreten, die immer ausverkauft waren, und alles wurde am Fernsehen übertragen, live in den Hauptsendern, die zum Teil auch zu den Sponsoren der Wettkämpfe gehörten. Ich genoss dieses Leben mit meiner «Eislauf-Familie» sehr, auch wenn es manchmal chaotisch war. 1990 reiste beispielsweise die ganze Profi-Truppe von Amerika, wo wir in Washington bereits einen Wettkampf bestritten hatten, nach Russland.

Es war der 11. Dezember – mein Geburtstag. Ich erinnere mich deshalb so genau daran, weil unser Gepäck nicht in Moskau angekommen war. Da standen wir also, am Flughafen der russischen Hauptstadt – ohne Winterkleidung und ohne Winterstiefel – und draußen herrschte eisige Kälte. Eislaufen konnte ich; Schlittschuhe, Trainingskleidung und Kostüme packten wir immer ins Handgepäck. Meine Schlittschuhe gab ich sowieso nie aus den Händen. Ich behandle sie wie ein Schmuckstück, das ich immer in einem speziellen Koffer bei mir trage. Ein Geiger lässt seine Stradivari ja auch nicht aus den Augen. Ich mochte es nicht einmal, wenn jemand sie auch nur anfasste oder gar an ihnen herumdrückte. Meine Schlittschuhe sind ein Teil von mir. Ohne sie kann ich meine Kunst nicht zeigen.

Doch zurück zum fehlenden Koffer, worin nebst unseren Kleidern auch Lebensmittel waren, unter anderem Milchpulver und *Birchermüesli*. Ich hatte also nicht nur nichts anzuziehen, sondern sozusagen auch nichts zu essen dabei. Im Hotel angekommen, legte ich mich aufs Bett und sagte: «Heute ist mein Geburtstag, und ich habe nichts dabei. Nichts! Gar nichts!» Kaufen konnte man in Moskau trotz Perestroika immer noch nicht viel. Ich war 28 Jahre alt – und frustriert.

Ein paar Jahre später wurde ich in Washington jedoch mit einem gigantischen Ständchen für diesen verpatzen Geburtstag entschädigt. In der großen Halle dort hatten sich 18 000 Leute eingefunden, um unseren Wettkampf zu sehen. Als ich auf dem Eis stand, rief jemand plötzlich «Happy Birthday, Denise!», und dann begannen alle zu singen. Ich bekomme noch heute eine Gänsehaut, wenn ich daran denke.

Colin II

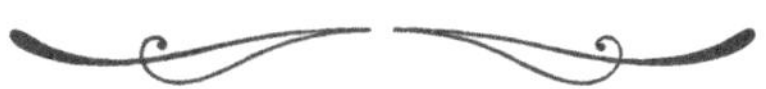

In den 1990er-Jahren begleitete mich auch Colin zweimal, als ich für Profi-Wettkämpfe unterwegs war. Unsere Trennung war ja nicht von langer Dauer gewesen. Eigentlich hatte ich es schon gespürt, als er aus der gemeinsamen Wohnung auszog: Irgendwie fühlte es sich nicht richtig an.

Colin ging damals wieder zurück nach England, aber ich vermisste ihn und er mich auch; wir standen allerdings nicht mehr in Kontakt. Die Presse hat zunächst nichts von unserer Trennung mitgekriegt. Erst nach neun Monaten realisierten die Reporter, dass Colin nicht mehr in der Schweiz war. Ich war froh um diese Zeit, ich hätte unsere Trennung nicht vorher bekanntmachen können.

Die Journalisten vom «Blick» wollten natürlich wissen, weshalb wir uns getrennt hatten. Ich erzählte ihnen, dass wir uns auseinandergelebt hätten. Nach unserem Gespräch sagten sie mir, dass sie auch Colin kontaktieren und ihn wegen unserer Scheidung befragen würden. Natürlich wollte ich nicht, dass ihn diese Anfrage unvorbereitet traf. Deshalb rief ich ihn sofort an, um ihn vorzuwarnen. Es war unser erstes Gespräch nach der Trennung – und die Stimmung zwischen uns war sofort wieder vertraut. Wir gestanden uns ein, dass wir einander vermisst hatten. Danach fackelten wir nicht lange und entschieden, dass Colin wieder nach Zürich kommen sollte.

Während der ersten Tage wohnte mein Ex-Mann bei mir, dann mietete er bei Bekannten ein Zimmer. Wir wollten nicht die alten Fehler wiederholen und dachten, es sei besser, wenn wir das Ganze langsam angehen und uns zunächst einfach hin und wieder mal treffen würden. Ich hatte Colin am Flughafen abgeholt, musste aber gleich danach zu einem Wettkampf nach Toronto. Ich erinnere mich noch ganz genau, wie er mir zugewunken hat. Da wusste ich: Er ist wieder in meinem Leben.

Als ich nach einer Woche zurückkam, haben wir uns sozusagen das erste Mal gedated. Wir fuhren zusammen auf den Uetliberg und aßen etwas auf dem Zürcher Hausberg. Nach einem halben Jahr ist Colin wieder bei mir eingezogen – sozusagen notgedrungen. Sein Zimmer war wegen einer defekten Waschmaschine geflutet worden, und er konnte nicht mehr bei den Bekannten wohnen. Aber nach einiger Zeit fanden wir, dass es doch noch cool war, an separaten Orten zu leben. Und so haben wir über die Jahre diverse Wohnformen ausprobiert. Unsere Liebe hat dabei immer gehalten.

Nun sind wir schon 40 Jahre zusammen, mit knapp einem Jahr Unterbruch. Unsere Trennung war aber wohl nötig, vor allem, weil wir so jung waren, als wir uns kennenlernten. Wir haben realisiert, dass man nicht alles gemeinsam unternehmen muss. Am Anfang dachten wir beide: «Wir sind verheiratet, nun machen wir alles zusammen, keiner geht mal mit jemand anderem allein essen oder so.» Ich traf kaum noch Freundinnen, und das war weder für Colin noch für mich gut. Mit unserer Trennung haben wir gelernt, dass man einander auch Freiheiten zugestehen sollte. Und dass man den andern so nehmen muss, wie er ist. Dass man ihn nicht verändern kann oder soll. Jeder ist gut, so wie er ist.

Mittlerweile könnten wir uns auch vorstellen, noch einmal zu heiraten. Zur Abrundung der Zeit, die wir miteinander verbracht haben. Dieser Gedanke gefällt uns beiden. Eine erneute Heirat ist also denkbar, aber es ist nichts Konkretes geplant. Wir haben es sehr gut miteinander und eine tiefe Verbindung.

Colin ist ein wunderbarer Mensch. Auch wenn er findet, dass ich «eigen» sei, unterstützt er mich in allem, was ich tue. Ich kann mich immer auf ihn verlassen. Er hält mir den Rücken frei, kümmert sich um den Haushalt, kocht und putzt. Wir ergänzen uns einfach gut. Oft kommt er auch vorbei, wenn ich unterrichte, oder geht selbst aufs Eis. Colin fährt mich zu Auftritten oder begleitet mich, wenn ich irgendwo für einen Workshop eingeladen bin.

Früher war Mami meine Begleitperson, dann haben sich Colin und sie abgewechselt. Später hat er das allein übernommen. Meine Mutter war zwar lange aktiv, aber auch ihre Energie hat über die Jahre nachgelassen. Colin kennt das Business. Damit man solche Leistungen erbringen kann, ist es wichtig, dass man jemanden hat, der einem andere Dinge abnimmt. Früher hatte ich Manager, aber ich bevorzuge es, Menschen um mich zu haben, die mir sehr nahestehen. Das unterstützt mich auch seelisch.

Heldin des Tages und nächtliche Konditionstrainings – Profi-Wettkämpfe III

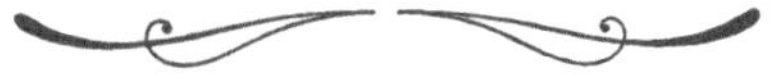

Als Profi wollte ich dem Publikum ständig noch attraktivere Nummern bieten. Eines Tages ging mir die Idee durch den Kopf, einen Rückwärtssalto in mein Programm einzubauen. Doch bevor ich den Salto zeigen konnte, musste dieser natürlich geübt werden. Damit ich mich dabei nicht verletzte, hielten mich jeweils zwei Läufer, zudem war ich mittels einer Longe – einer an einem Sicherheitsgurt befestigten Leine – gesichert. Auf diese Weise klappte der Salto relativ gut.

Irgendwann meinte Colin, der einer meiner Trainingspartner war: «Wir haben dich gar nicht mehr ‹richtig› gehalten, probier doch den Salto mal allein!» So wagte ich den Sprung, ungesichert. Mitten in der Drehung schoss mir plötzlich durch den Kopf: «Oh, sie halten mich gar nicht …» Und dann knallte ich aufs Eis, mit dem Kopf voran. Das Wagnis endete im Spital.

Glücklicherweise konnten die Ärzte außer einer Gehirnerschütterung keine weiteren Verletzungen feststellen. Nach meiner Genesung ließ ich die Sache mit dem Rückwärts-Salto jedoch auf sich beruhen. Mir war bewusst, dass ich diesen gefährlichen Sprung immer wieder hätte wagen müssen, wenn ich ihn einmal vor Publikum gezeigt hatte. Wenn man solche Dinge in sein Programm aufnimmt, ist die Erwartung da, dass man sie immer wieder bringt.

Hier kommt mir noch eine Geschichte in den Sinn, die sich in Amerika zugetragen hat. Bei einem Wettkampf in San José, der live übertragen wurde, begann ich mein Programm, und alles schien wie immer zu laufen. Doch dann kam der erste dreifache Sprung. Bei der Landung verkrampften sich meine Muskeln, und ich stürzte. An Weiterfahren war nicht zu denken, es gelang mir nicht einmal mehr, aufzustehen. Der absolute Horror. Die Veranstalter ließen die Musik herunterfahren, während man mich vom Eisfeld brachte. An der Bande wurde mir gesagt, dass die nächste Läuferin nun ihr Programm zeigen werde. Wenn ich nach deren Fahrt wieder fit sei, könne ich mein Programm beenden.

Ein Physiotherapeut kam angerannt und begann mit seiner Arbeit. Der Krampf in meinem Bein musste ja innerhalb von vier Minuten verschwinden. Während der ganzen Zeit in der Garderobe war ein Kameramann dabei. Wie sich der Physiotherapeut an meinem Bein abmühte, wurde zu einem Live-Event, das nicht nur auf einem Screen in der Halle zu sehen war, sondern auch von allen Fernsehzuschauern mitverfolgt werden konnte, die den Wettkampf zu Hause schauten.

Tatsächlich gelang es dem Therapeuten, meine Muskeln zu entspannen. Eiligst band ich meine Schlittschuhe wieder zu. Dann lief ich unter großem Applaus aufs Eis und konnte mein Programm dort fortsetzen, wo ich vorher gestürzt war. Kurz darauf setzte ich erneut zu einem dreifachen Sprung an, den ich perfekt landete. Das Publikum war begeistert: Die Veranstalter hatten mir die Chance gegeben, nochmals anzutreten. Dass ich dies nicht nur versucht, sondern auch geschafft hatte, freute alle sehr, ich wurde sozusagen zur Heldin des Wettkampfs.

Am nächsten Tag sprachen mich in einer Shopping Mall wildfremde Menschen auf den Auftritt an. Sie sagten, dass sie mich im Fernsehen gesehen hätten und dass sie mein Umgang mit dieser misslichen Lage sehr beeindruckt habe. Denn ich hatte mein Programm nach dem Zwischenfall fehlerfrei beendet und den Wettkampf sogar gewonnen. Nach all dem Trubel resultierte das Ganze also in einem Happy End.

Es war wirklich eine verrückte Zeit damals – nicht nur die Profi-Wettkämpfe, sondern auch die Shows dazwischen. In Singapur beispielsweise liefen die Zuschauer an solch einem Anlass übers Eis, um zu ihren Plätzen zu gelangen. Wir Läufer schauten fassungslos zu, denn für unsere Auftritte war es wichtig, dass das Eis in einem perfekten Zustand war. Schon ein kleines Steinchen unter den Eisen hätte beim Absprung zu einem Sturz führen können. Doch die Menschen gingen unbekümmert mit ihren teils schmutzigen Schuhen übers Eisfeld.

Die Shows dauerten meist von 20 bis 23 Uhr, danach gab es noch ein Meet & Greet mit den Sponsoren. Später absolvierte ich dann mein Konditionstraining, mitten in der Nacht, eine halbe Stunde lang, zack, zack. Da wir damals beinahe jeden Tag entweder einen Wettkampf oder eine Show hatten, musste ich einen Weg finden, meine Fitness auf einem hohen Level zu halten. Und weil ich meine *Kondis* immer durchzog, egal ob ich erkältet war oder Kopfschmerzen verspürte, hat meine Leistung nie nachgelassen. Die Geschichte von meinen nächtlichen Konditionstrainings kam übrigens irgendwann einem amerikanischen Fernsehsender zu Ohren. Kurz darauf war ein Kamerateam anwesend, als ich um zwei Uhr morgens mein *Kondi anebänglet* habe. Diesen Beitrag integrierten sie danach in mein Porträt, das jeweils vor meiner Kür am Fernsehen eingespielt wurde.

Einmal trat ich im Dezember bei einer Show in Las Vegas auf, wo wir zwei Wochen verbrachten. Ich erinnere mich gut an die riesige Fensterfront in meiner Suite im Mandalay Beach Hotel. Vom Bett aus konnte man über die ganze Stadt blicken, und sogar ein Whirlpool stand uns zur Verfügung. Am Morgen habe ich jeweils trainiert. Und während es in der Schweiz bitterkalt war zu dieser Jahreszeit, stand für mich am Nachmittag Baden im Pool auf dem Programm. Bei meinen Show-Auftritten lernte ich auch ein paar bekannte Bands und Sänger kennen, so die Soul-Gruppe «En Vogue» und Barry Manilow. Letzterer kam gar zu mir und fragte, ob er ein Foto mit mir machen dürfe.

Mit dem Mitglied einer weltbekannten Boygroup hatte ich hingegen ein für uns beide eher peinliches Zusammentreffen in der Spielerstadt. Für meine Show-Auftritte stand mir zwar eine Einzelgarderobe zur Verfügung, die Toilette wurde aber jeweils von zwei Künstlern gemeinsam genutzt. Einmal öffnete ich die Tür zur Kabine – und da saß dieser Sänger der Boygroup! Er dachte wohl, dass dies seine private Toilette sei und hatte deswegen die Tür nicht verriegelt. Was für ein merkwürdiger Moment. Ich schloss rasch die Tür. Und auch das Bild des Teenie-Schwarms auf dem Klo habe ich rasch aus meiner Erinnerung gelöscht.

Abenteuerliche Frankreich-Tournee und ein Abstecher in die Modebranche

Irgendwann in den 1990er-Jahren reiste ich für eine Eisshow drei Wochen durch Frankreich – mit einer zusammengewürfelten Truppe. Ein bekannter Eiskunstläufer hatte uns für diese Schaulauf-Tournee zusammengebracht, für Transport und Unterkunft sollte ein französischer Organisator sorgen. Unser erster Auftritt fand in Grenoble statt, wenn ich mich richtig erinnere. Jeder der anwesenden Läufer zeigte einen Solo-Auftritt auf dem Eis, und am nächsten Tag sollte es weitergehen, in einer anderen Stadt. Unsere Truppe bestand aus Europa- und Weltmeistern; wir waren es gewohnt, dass solche Transfers immer mit Bussen durchgeführt wurden, die in einem perfekten Zustand waren.

Am Morgen fuhren jedoch zwei kleine Busse vor, deren Anblick uns irritierte. Die Fahrzeuge sahen etwas heruntergekommen aus, es schien, als hätten sie ihre besten Jahre hinter sich. Und von Chauffeuren war weit und breit nichts zu sehen. Da drückte der Organisator einem von uns die Fahrzeugschlüssel in die Hand und ging – in seinen Augen war sein Auftrag damit wohl erledigt. Wir waren sprachlos. Doch wir mussten weiter, Reklamieren brachte in dieser Situation nichts. Freiwillige aus der Truppe übernahmen in den folgenden Wochen nebst dem Fahren auf dem Eis auch das Fahren auf Asphalt. Die Läufer wechselten sich dabei zwar ab, doch diese Doppelbelastung war sehr anstrengend. Nachdem sie teilweise lange Strecken am

Steuer zurückgelegt hatten, mussten sie noch an einer Show ihr Bestes geben.

Niemand von uns hatte je zuvor so etwas erlebt. Es waren keine Begleitpersonen dabei, die als Chauffeure hätten einspringen können, auch Mami war nicht mitgekommen. Weil die Busse damals noch nicht über Navigationsgeräte verfügten, mussten wir uns zur Orientierung mit Karten behelfen. Aus der Truppe kannte sich niemand im französischen Straßennetz aus, denn die meisten Läufer stammten aus Deutschland, England oder Amerika. Ich sehe das Bild noch vor mir, wie ein Beifahrer im Dunkeln den nächsten Auftrittsort auf der Karte suchte – mit einer Taschenlampe zwischen den Zähnen.

Gegen Ende der Tournee war ein Auftritt außerhalb Frankreichs geplant, im Bergstaat Andorra. Uns blieb nichts anderes übrig, als in diesen klapprigen Bussen in die Pyrenäen hinaufzufahren. Es war Anfang März, und plötzlich begann es auf dem Weg in das kleine Fürstentum zu schneien. Die Räder der Busse ratterten, eine Federung war kaum mehr vorhanden, man spürte jede Unebenheit. Zudem waren die Fahrzeuge nur mit Sommerpneus ausgestattet, und Andorra liegt in einem Hochtal. Die Straßen waren glatt, wir saßen äußerst angespannt in unseren Sitzen und hatten höllische Angst.

Als wir endlich heil an unserem Auftrittsort ankamen, waren alle sehr erleichtert. Der Anblick der schäbigen Jugendherberge, in der wir übernachten sollten, verdarb uns allerdings gleich wieder die Laune. Zwar hatten wir uns bereits daran gewöhnt, dass unsere Unterkünfte auf dieser Tournee eher einfach waren, aber diese spartanisch eingerichtete Herberge in Andorra toppte alles. Ausruhen konnte man sich an einem solchen Ort nach einem anstrengenden Auftritt nicht wirklich. Als das Ende der Tournee nahte, war deshalb niemand traurig. Die Gagen, die wir für unsere Auftritte erhalten hatten, waren zwar gut, das Drumherum jedoch katastrophal. Für uns alle war dies ein Erlebnis der besonderen Art.

Auch in Deutschland war ich damals des Öfteren auf Show-Tourneen, die meist zwei bis drei Wochen dauerten. In dieser Zeit, in der man quasi ständig zusammen war, wuchs die Truppe jeweils zu einer kleinen Eislauf-Familie zusammen. Ich mochte das sehr. Im Tourbus war immer viel los, es wurde gescherzt und gelacht. Eisläufer sind oft humorvolle Leute und alle auf ihre Art Show-Menschen.

Bei all diesen vielen Auftritten sah ich die verschiedensten Kostüme und hatte selbst eine eigene Kostümdesignerin, die mir außergewöhnliche Outfits fürs Eis schneiderte. Für mich privat fand ich allerdings oft nicht die Kleider, welche ich gern getragen hätte. Deshalb entschied ich mich in den 1990er-Jahren, ein eigenes Modelabel zu entwickeln. Gemeinsam mit einer Designerin, deren schlichte Kleider mir gefielen, entwarf ich eine Kollektion. Das Ganze war zunächst nur eine spontane Idee gewesen, aber sie brachte einen riesigen Aufwand mit sich. Klar hätte ich einfach meinen Namen für eine Mode-Kollektion «hergeben» können, aber das wollte ich nicht.

Deshalb habe ich auch selbst die in Italien gefertigten Kleider in verschiedenen Boutiquen gezeigt, jedes Teil hatte seinen eigenen Namen. Ich bin mit einer Kleiderstange auf Rollen, an der meine Catsuits, Kleider, Tops und Hosen hingen, in die Läden hineinmarschiert. Wenn die Einkäufer entschieden, die Kleider ins Sortiment aufzunehmen, hat mich das sehr gefreut

– und natürlich noch mehr, wenn meine Kleider verkauft wurden.

Damit das Ganze funktionierte, war eine gut laufende und qualitativ hochstehende Produktion nötig, zudem durften der Vertrieb und der Verkauf der Kleider nicht vernachlässigt werden. Zum Business gehörten auch Modeaufnahmen und die Organisation von Modeschauen. Zum Glück hat mich Colin bei dieser Idee tatkräftig unterstützt und sich um das Backoffice gekümmert. Das hat uns beiden sehr viel Spaß gemacht, aber nach drei Jahren haben wir aufgehört– der Aufwand war schlicht zu groß.

Tattoos und andere Dinge, die unter die Haut gehen

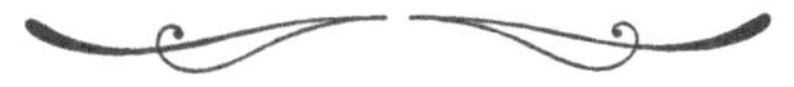

Meine erste Tätowierung ließ ich mir stechen, als ich 30 Jahre alt war. Mir gefielen damals die Black Tattoos sehr, und so schmückte als Erstes ein Tribal meine Haut. Diese Muster waren vor 30 Jahren noch nicht so oft zu sehen, und vielleicht wollte ich durch dieses Tattoo auch ein wenig meine rebellische Seite ausdrücken. Der Tätowierer, der auf diese Muster spezialisiert war, hatte ein sehr schönes Studio in Zürich, das etwas versteckt lag. Mir gefiel die Einrichtung im japanischen Stil, alles wirkte sehr edel.

Ich erinnere mich noch gut, wie nervös ich vor meinem Termin bei Bob war. Ich wollte dieses Tattoo unbedingt, aber ich hatte auch Angst vor den Schmerzen. Und so eine Tätowierung begleitet einen ja ein ganzes Leben lang. Damals dachte man überhaupt nicht daran, dass man ein Tattoo irgendwann weglasern lassen könnte. Der Gang zu Bob fühlte sich für mich schon ein wenig so an, wie ich mir den Gang zum Henker vorstelle. Doch alles lief sehr entspannt ab. Ich erzählte dem Tätowierer, was ich mir wünschte, und er stach mein erstes Tattoo rund um meinen Bauchnabel und umrahmte so mein Piercing. Das Resultat gefiel mir sehr gut, und von da an war ich «angefixt».

Bereits nach ein paar Monaten ergriff mich das Tattoo-Fieber wieder. Dieses Mal entstand ein Muster auf der Innenseite meines Handgelenks. Die dritte Tätowierung war dann am Bein, oberhalb des Fußknöchels – auch wieder ein dezentes Muster. Das nächste Tattoo war über dem Po, zunächst im selben Stil wie die vorherigen. Bob hat das immer sehr gut gemacht. Als er fertig war, fand ich jedoch, dass die Tätowierung schon etwas größer sein könnte, und bereits einen Monat später stand ich schon wieder bei ihm im Studio, um das Tattoo vergrößern zu lassen.

Bob hat dann die Umrisse des neuen Musters aufgezeichnet, damit ich eine ungefähre Vorstellung davon bekam, wie es danach aussehen würde. Als er fertig war, war ich ziemlich erschrocken: Ausgefüllt sah es riesig aus, viel größer, als ich gedacht hatte. Es war nicht so, dass mir mein neuer Hautschmuck nicht gefallen hätte, aber ich brauchte doch ein paar Tage, um mich daran zu gewöhnen. Ich sagte mir, dass die Tätowierung selten sichtbar und zumeist von Kleidern verdeckt sein würde. Später ließ ich das Tattoo noch mit Blumen ausschmücken und mittlerweile mag ich es sehr.

Irgendwann zog Bob weg. Ich musste mir also einen neuen Tätowierer suchen und fand Mick, der zu den Besten Europas gehört. In der Zwischenzeit hatte sich auch mein Stil etwas verändert. Statt schwarzer Muster gefielen mir nun bunte japanische Tattoos, vor allem Blumen. Eigentlich hatte ich gleich den ganzen Arm mit rosafarbenen Kirschblüten schmücken lassen wollen, aber ich traute mich noch nicht. So gab es zunächst nur zwei dezente Kirschblüten, eine an der Innenseite des Handgelenks und eine andere oben am Arm.

Doch dann geschah etwas, das mich ziemlich aus der Bahn warf und von dem bislang auch nur wenige Menschen wissen. Während einer Kontrolluntersuchung stellte man eine Veränderung in meiner Brust fest. Zum Glück erwies sich diese als gutartig. Mein Arzt wollte mich danach aber in regelmäßigeren Abständen sehen. Bereits ein paar Monate später zeigten sich erneut Veränderungen im Brustgewebe. Dank einer neuen Behandlungsmethode konnte man mir dieses Gewebe gleich vor Ort entfernen. Es musste jedoch untersucht werden. Und für mich hieß das: Warten – fünf Tage lang. In dieser Zeit der Unsicherheit schwor ich mir, mir weitere Blüten stechen zu lassen, wenn ich einen «guten» Bescheid erhalten sollte. Nach dem erlösenden Anruf ging ich also zu Mick, der meinen Arm großflächig «erblühen» ließ.

Da ich weiterhin engmaschig kontrolliert wurde, stand drei Monate später erneut ein Ultraschall-Termin an. Mein Arzt erschrak, als er wieder einen Knoten in meiner Brust vorfand; dieser war nämlich zehnmal so groß wie die vorherigen. Danach ging das schon bekannte Prozedere ein weiteres Mal vor sich: Gewebe entfernen und zur Untersuchung ins Labor schicken. Und erneut hieß es: Warten. Dieses Mal war meine Angst größer als zuvor, und so sagte ich mir: «Wenn es sich wieder als gutartig herausstellt, lasse ich mir den ganzen Arm mit Kirschblüten verzieren.» Und so kam es schließlich auch. Diese Tätowierung hat eine sehr spezielle Bedeutung für mich. Solche Zellveränderungen führen in den meisten Fällen zu Brustkrebs. Zum Glück gehöre ich zu den vier Prozent Frauen, bei denen sie gutartig sind. Und ich bin sehr dankbar, dass sich seit dieser schwierigen Zeit keine weiteren Knoten mehr in meiner Brust gebildet haben.

Man könnte sagen, dass meine Tätowierungen ein wenig die Lebenssituationen widerspiegeln, in denen ich mich befand, als ich sie stechen ließ. Alle zwei bis drei Jahre habe ich das Gefühl, dass ich ein neues Tattoo möchte. Die Auswahl der Motive hat meist keinen speziellen Hintergrund. Ich wähle Sujets, die ich mag. In den vergangenen Jahren waren es immer Drachen oder Blumen. Nebst den Kirschblüten auf meinen Arm, die auch Leuten gefallen, die sonst Tätowierungen nicht so mögen, schmücken mittlerweile zwei Drachen meine Flanken; einer zieht sich von meinem Rücken her in die Seite.

Auch mit bald 60 Jahren werde ich mir sicher noch mehr Tattoos stechen lassen. Mir gefallen sie einfach – ich bin wohl auch ein bisschen süchtig danach. Die meisten meiner Tätowierungen befinden sich jedoch an Körperstellen, die man nicht sofort sieht. Ich lasse die Tattoos für mich machen und nicht für die anderen. Mir gefällt es jedoch, wenn sie manchmal unter einem Kleidungsstück hervorblitzen.

Weltweit einzigartiges Showformat – Art on Ice

«Es kommen immer noch Leute … wir müssen warten», verkündete Oliver Höner freudestrahlend am Abend der ersten Show, die später unter dem Namen «Art on Ice» bekannt wurde. Der Eiskunstläufer hatte mich angefragt, ob ich bei einem Schaulaufen in der Küsnachter Eishalle mitmachen wolle. Damals wurde ich in Amerika sehr gefeiert, weil ich beinahe alle Profi-Wettkämpfe gewonnen hatte. Oliver dachte wohl, dass meine Teilnahme an «Eiskunstlauf der Weltklasse» das Publikum in die Zürcher Gemeinde locken würde. Nach den vielen Wettkämpfen und Schaulaufen im Ausland freute ich mich darauf, «zu Hause» auftreten zu dürfen.

Am Abend der Vorstellung tauchten im sonst eher ruhigen Küsnacht immer mehr Menschen auf. Im Parkhaus gab es bald keine freien Plätze mehr, und die Fahrzeuglenker parkten ihre Autos überall, wo sie noch ein Plätzchen fanden. Selbst die Stellplätze vor Einfamilienhäusern wurden von den Besuchern der Show blockiert – in den Straßen herrschte das totale Chaos.

Die Vorstellung war schließlich ausverkauft, und das Unternehmen wurde ein großer Erfolg. Aufgrund dieser Erfahrung und wohl auch von der Euphorie des Abends beflügelt, verkündete Oliver kurz darauf, dass die Show 1996 unter einem neuen Namen im Zürcher Hallenstadion stattfinden solle. Zudem arbeitete er nun mit Reto Caviezel als Geschäftspartner zusammen, der ihn schon in Küsnacht unterstützt hatte. Oliver hatte seine Idee bereits weiterentwickelt: Die Show sollte neu mit Live-Gesang kombiniert werden. Wen er als Ersten dazu verpflichten wollte, wusste er schon: den Opernsänger Simon Estes.

Nachdem die Show in Küsnacht so gut gelaufen war, hatte Oliver damit gerechnet, dass noch viel mehr Menschen nach Zürich kommen würden, um Art on Ice zu sehen. Die Zahl der Besucher, die an diesem Winterabend ins Hallenstadion strömten, übertraf aber seine kühnsten Erwartungen. Der Vorverkauf war schon gut gelaufen, doch auch im viel größeren Hallenstadion bildete sich an der Abendkasse eine lange Schlange, weil noch viele Menschen ein Ticket für die Vorstellung kaufen wollten. Deshalb konnten wir erneut nicht zur angekündigten Zeit mit der Show beginnen. Stattdessen warteten wir, bis alle Besucher ihren Platz gefunden hatten. Schließlich war auch diese erste Vorstellung im Hallenstadion ausverkauft.

Art on Ice entwickelte sich rasant. Hatte es 1996 nur diese eine Show gegeben, wurden ein paar Jahre später bereits sechs Vorstellungen gezeigt. Nicht nur die Anzahl der Shows stieg rasch, sondern diese wurden auch immer aufwendiger. Es gab mehr Live Acts, spezielle Lichtshows mit Laser und aufwendige Bühnenbilder. Das Ganze lief wirklich sehr gut.

Anfangs wurde die Show nur in Zürich gezeigt. Ich erinnere mich aber, dass wir während meiner Zeit bei Art on Ice einmal für eine Vorstellung nach Davos fuhren; mehrmals fanden Vorstellungen in der Westschweiz statt, und später ging Art on Ice sogar auf eine kleine Deutschland-Tournee.

Die Teilnahme an der Show war für mich eine Herzensangelegenheit. Während meiner Profizeit trat ich meistens im Ausland in großen Hallen auf, oftmals in Übersee. In der Schweiz aber gab es bis dahin selten wirklich große Eisshows zu sehen. Vor Heimpublikum aufzutreten, war für mich daher immer eine sehr emotionale Angelegenheit. In Zürich waren diese Gefühle noch stärker, und ich war dort immer aufgeregter als sonst. Um eine Topleistung zu zeigen und dieser Nervosität entgegenzuwirken, trainierte ich so intensiv wie vor einem Wettkampf.

Meine dreifachen Sprünge «packte» ich alle ins Programm, das sehr ambitioniert war. Ich habe jeweils drei Nummern pro Vorstellung gezeigt, jede dauerte zwischen vier bis viereinhalb Minuten, eine klassische, eine zu Techno- oder Up-tempo-Musik, die etwas flippig sein durfte, und zum Schluss eine Nummer mit dem Musiker-Stargast. Zu deren Live Acts habe ich langsame, emotionale Songs einstudiert, oft ergaben sich dabei sehr spezielle Momente. Oliver, der künstlerische Leiter der Show, überließ mir jeweils die Auswahl der Songs, denn es war wichtig, dass ich die Musik auch fühlte, wenn ich meine Choreografie dazu entwickelte. Für den gemeinsamen Auftritt mit Chris de Burgh habe ich «Lady in Red» gewählt, und selbstverständlich fuhr ich die Nummer zum Hit des irischen Sängers in einem roten *Röckli*. Irgendwie fügte sich das Ganze sehr harmonisch, es war einfach wunderschön.

Natürlich ergab sich nicht mit allen Künstlern dieselbe Verbindung, aber ich habe die Auftritte mit Gloria Gaynour, den «Scorpions», Sarah Brightman und auch mit Udo Jürgens sehr genossen. Man merkt schnell, ob der andere auf einen eingeht oder ob es mehr ein Nebeneinanderher ist. Auch das Laufen zum klassischen Gesang von Montserrat Caballé hat mich tief berührt, und das Zusammenspiel mit ihr war einmalig.

Die Stars konnte ich jeweils bereits im Vorfeld ein wenig kennenlernen, beispielsweise wenn Promotionsveranstaltungen für die Show gemacht wurden. Manchmal traf man sich schon Monate vorher für ein Fotoshooting oder eine Pressekonferenz. Solche Begegnungen haben mich immer wieder beeindruckt. Nach den Vorstellungen gab es After-Show-Partys, bei denen Sänger, Eiskunstläufer, Sponsoren und VIP-Gäste zusammen feierten. Die Kontakte mit den Musikern waren nicht intensiv, aber sehr freundschaftlich, und auch bei Art on Ice zeigte sich, dass Weltstars – von wenigen Ausnahmen abgesehen – in der Regel bescheidene und sympathische Menschen sind. Einmal klopfte der Sänger der «Scorpions», Klaus Meine, an meine Garderobentür und fragte höflich nach einer Autogrammkarte für seine Mutter, die ein Fan von mir war. Und dann gab es natürlich auch solche, die gleichzeitig schräg und beeindruckend waren. Ich denke da an einen Sänger, der meistens angetrunken war, aber trotzdem perfekt gesungen hat – auf dem Eis kann man so etwas natürlich nicht bringen.

In der Woche vor der Show fanden Proben statt, da konnten noch Anpassungen gemacht respektive musikalische Akzente gesetzt werden. Die Vorstellungen selbst waren ein Wechselspiel aus Konzentration, Darbietung, kurzen Entspannungsphasen und einem erneuten Spannungsaufbau.

Ich hatte eine Stylistin an meiner Seite, die mich jeweils neu frisierte und schminkte. Meine erste Nummer kam meistens gegen Ende des ersten Teils der Show, dann konnte ich mich in der Pause umziehen, rasch etwas entspannen und einen Schoggistängel oder eine Banane verdrücken – Sprünge und Pirouetten sollen «leicht» aussehen, aber dafür braucht man natürlich viel Energie. Sogleich musste ich mich aber auf die nächste Nummer konzentrieren. Ich turnte ein, machte Aufwärmübungen und baute innerlich wieder die für einen Auftritt nötige Spannung auf. Dann legte ich zu Beginn des zweiten Teils mit einer schnellen Nummer los, um das Publikum mitzureißen.

Danach wiederholte sich das Ganze erneut: Durchatmen, kurz entspannen, umziehen und sich mental und körperlich auf den Auftritt mit dem Musik-Stargast vorbereiten. Der rasche Wechsel zwischen den verschiedenen Nummern war sehr anspruchsvoll. Doch wenn sich das Zusammenspiel mit dem Musiker über diese viereinhalb Minuten perfekt entwickelte, beflügelte mich das richtiggehend. Dies waren immer Momente voller Emotionen, die in einer wahren Gefühlsexplosion resultierten – für mich, den Künstler und das Publikum.

Nachdem alle Eiskunstläufer konzentriert ihre Einzelauftritte hingelegt hatten, konnten wir beim großen Finale unbeschwert unsere gemeinsame Schlussnummer zeigen. Dann hatte sich der Stress gelegt, und wir waren oft etwas übermütig; es kamen bei diesen Events ja auch die verschiedensten Persönlichkeiten zusammen. Zudem lag der schwierige Teil hinter uns, wir fühlten uns ein wenig wie Teenager. Salome Brunner, die Choreografin, musste jeweils schon bei den Proben dafür sorgen, dass unsere Emotionen nicht überbordeten. Doch der Applaus, die Blumen und die coole Musik lösten einfach unbeschreibliche Glücksgefühle aus.

Natürlich lief nicht immer alles rund, und manchmal musste ich auch die Zähne zusammenbeißen, beispielsweise, als sich während einer Vorstellung meine Schulter aus- und glücklicherweise gleich wieder einkugelte. Ich ließ mir nichts anmerken und lief einfach weiter. Wenn ich auf dem Eis bin, gebe ich immer alles und lasse mich von nichts und niemandem ablenken – ist mein Motor einmal gestartet, dann lässt er sich nicht mehr stoppen. Damals hieß das: Trotz Schmerzen weiterlaufen und lächeln. Erst nach der Show war der Zeitpunkt gekommen, mich von meinem Physiotherapeuten behandeln zu lassen.

Bei einer anderen Vorstellung hatte jemand ein Geschenk für den Läufer, der vor mir aufgetreten war, aufs Eis geworfen. Als ich drankam, lag es immer noch dort, denn der Läufer hatte es nicht gesehen, da zwischen den beiden Nummern kurz Dunkelheit in der Halle herrschte, um den Auftritt des musikalischen Stargasts besser in Szene zu setzen. Dieser hatte schon zu singen begonnen, ich fuhr aufs Eis – und entdeckte den Gegenstand vor mir. Ich konnte jedoch nicht einfach abbrechen – der Musiker performte ja live. Deshalb versuchte ich zunächst, das Päckli zu umfahren und improvisierte ein wenig – the show must go on. Zum Glück schickten die Organisatoren rasch eine junge Läuferin aufs Eis, die das Hindernis wegräumte.

Ich zeigte damals nicht nur viele Nummern hintereinander, auch die Shows folgten sehr dicht aufeinander. Daher musste ich dafür sorgen, dass ich den Adrenalinpegel in meinem Körper nach der Vorstellung rasch herunterbrachte, damit ich genügend Schlaf für den nächsten Tag bekam. Am effektivsten konnte ich mich runterbringen, indem ich nach der Vorstellung und dem VIP-Empfang zu Hause mitten in der Nacht noch ungefähr eine halbe Stunde auf dem Hometrainer in die Pedale trat. Dann aß ich vor dem Schlafengehen noch eine Kleinigkeit; mein Körper brauchte das.

In meinem letzten Jahr bei Art on Ice war ich ständig müde. Irgendwann suchte ich deswegen einen Arzt auf, der die Diagnose Pfeiffersches Drüsenfieber stellte. Die schlimmste Phase der Krankheit lag zu diesem Zeitpunkt zwar bereits hinter mir, aber Trainings waren nur in reduzierten Dosen möglich. Ich musste mich anders darauf vorbereiten als üblich und stärkte meine Körper auch mithilfe von homöopathischer Medizin. Zudem stellte ich meinen Speiseplan um, kohlenhydratreiche Nahrungsmittel sollten mich wieder zu Kräften kommen lassen. Der Genesungsprozess dauerte jedoch lange. Bereits nach zehn Minuten Sprung-Übungen auf dem Eis war ich schon wieder müde. Um mich etwas zu stärken, fuhr ich dann zur Bande, wo Mami mit einer Tasse Kaffee bereitstand. Nach einer kurzen Pause trainierte ich weiter – bis zum nächsten Kaffeestopp an der Bande. Trainieren bedeutete für mich damals eigentlich nichts anderes als ständig gegen eine extreme Müdigkeit anzukämpfen.

Um mich für Art on Ice fitter zu fühlen, fuhr ich kurz vor der Show nach Oberstdorf, wo es sogenannte Kraftorte gibt. Und tatsächlich verspürte ich mehr Energie, als ich wieder nach Hause zurückkehrte. Dann trat ich von Donnerstag bis Sonntag auf; fünf Vorstellung standen auf dem Programm. Vor meinen Auftritten war ich nicht mal mehr nervös, der Kampf gegen die Müdigkeit war stärker als alles andere. Zum Glück konnte ich meine Leistung trotzdem bringen, und niemandem fiel etwas auf. Wir hatten meine Erkrankung nicht öffentlich gemacht, weil wir nicht wollten, dass das Pfeiffersche Drüsenfieber meinen letzten Auftritt bei der Show überschattete.

Bei Art on Ice habe ich sehr schöne Momente erlebt. Alles war sehr emotional, ich konnte «zu Hause» auftreten, Colin war dabei, meine Familie und auch meine Freunde. Olivers Showformat war weltweit einzigartig und ich fand es grandios. Die meisten Eiskunstläufer, die zur Show eingeladen wurden, haben entweder bei den Olympischen Spielen oder wie ich bei einer Weltmeisterschaft gesiegt oder Medaillen gewonnen – das Niveau war hoch. Die Anfänge von Art on Ice fielen in eine Zeit, in der Eiskunstlaufen sehr populär war. Und ich war immer noch sehr bekannt und konnte die Show mit meinem Namen etwas beflügeln. Art on Ice ist mittlerweile eine etablierte Marke, auch wenn die Corona-Pandemie das Geschäft natürlich beeinträchtigt hat. Bis ich mit 40 Jahren meine Abschiedsvorstellung gab, haben Oliver und sein Geschäftspartner Reto mich immer wieder gefragt, ob ich bei der Show mitmache. Ich war zwar älter geworden, aber mein Name funktionierte nach wie vor als Publikumsmagnet.

Als ich einmal eine Techno-Nummer zeigte, erhielt ich dafür Standing Ovations, was in der Schweiz eher unüblich ist. Zwar kannte ich die Begeisterungsfähigkeit der Amerikaner, aber ich hatte nicht gedacht, dass das Schweizer Publikum auch so enthusiastisch reagieren würde. Wenn ich auf dem Eis bin, lasse ich meinen Gefühlen freien Lauf. Ich bin glücklich und freue mich, wenn die Menschen im Rhythmus klatschen und der Funke, der in mir glüht, auch aufs Publikum überspringt. Das löst wahnsinnig starke Emotionen in mir aus.

Doch auch in anderen Situationen konnte ich einfach loslassen und mein Engagement genießen. So auch, als ich einmal für ein Event in den Bergen gebucht wurde. Es war ein sonniger und heißer Tag, deshalb taute das Eis auf dem Feld rasch an. Andere Eiskunstläufer, die ebenfalls engagiert worden waren, wollten nicht auftreten, weil sie die Bedingungen als zu gefährlich einstuften. Ich mochte aber all die Menschen, die extra angereist waren, um diese Show zu sehen, nicht enttäuschen. Obwohl meine Eisen ein wenig ins Eis sanken, legte ich trotzdem meine Shownummer hin.

Damals war Inlineskaten gerade sehr im Trend, und mein Auftraggeber hatte mich für ein Doppelengagement gebucht: Nach meinem Auftritt auf dem Eis sollte ich abends beim Bankett eine Show auf Inlinern zeigen. Dafür wurde jedoch keine Bühne aufgebaut, sondern ich düste auf Rollschuhen um die Tische herum und an den Stuhlreihen entlang. Die Show war schon ein wenig riskant. Ich hätte beim Spagat ja ausrutschen oder in die Stühle der Leute fahren können. Doch solche Gedanken kamen mir gar nicht – ich fand das Ganze einfach *uuläss*.

Nervosität

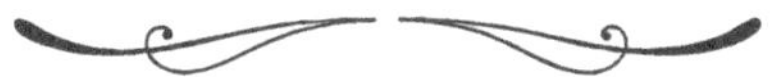

Meine Mutter erzählt, dass sie jeweils am Tag eines Wettkampfes nicht mehr mit mir sprechen durfte. Ich habe meine Ruhe gebraucht und Geplauder nicht ertragen. Alles nervte mich schnell. So hat sie mir immer nur das Nötigste gesagt. Die Anspannung vor solch einem Wettkampf ist wirklich schwer zu ertragen, und jede Läuferin hat ihre ganz eigene Art, damit umzugehen. Ich bin jemand, der Ruhe braucht. Andere hüpfen in solchen Situationen aufgeregt umher, schwatzen, sie sind im Judihui, wie ich es nenne. Um meine Leistung zu bringen, muss ich mich jedoch konzentrieren können.

An einem Wettkampf baute sich die Anspannung über den Tag hinweg immer mehr auf. Innerlich lief so vieles ab. Ich wollte diese unangenehmen Gefühle irgendwie entschärfen, mich gedanklich runterbringen. Deshalb versuchte ich immer wieder, das Ganze als Prozess zu betrachten, probierte, meine Nervosität ins Positive umzuwandeln. Nervosität kann einen völlig verunsichern, deshalb wollte ich diese Gefühle in eine gute Bahn lenken. Hier half mir das Alpha-Training, von dem ich schon erzählt habe. Während des ganzen Tages liefen meine Visualisierungen wie ein Film vor meinem inneren Auge ab: Ich sah, wie ich mich nach dem Wettkampf mit etwas belohnte, mir eine Tasche oder ein Kleidungsstück kaufte. Ich musste diese schwierigen Situationen für mich lebbar machen.

Meistens versuchte ich, meine Einstellung zur Situation zu ändern. In Paris tat ich beispielsweise einmal so, als ob gar kein Wettkampf bevorstünde. Um die große Anspannung irgendwie zu ertragen, suchte ich einen Ort auf, an dem ich die Sonne genießen konnte. Doch ich mochte gehen, wohin ich wollte, herumspazieren, shoppen – diese innere Anspannung blieb, trotz aller Ablenkungsversuche. An Wettkampftagen fühlte ich mich meistens auch etwas unwohl. Es ging mir zwar nicht körperlich schlecht, aber ich hatte dieses mulmige Gefühl im Magen, wie es auch Theaterschauspieler und Sänger beschreiben. Irgendwann gab es nichts anderes mehr als den Wettkampf, es fühlte sich schon ein wenig so an, als ginge es um Leben und Tod.

Später war dieses Gefühl nicht mehr so stark, aber auch bei Art on Ice hatte ich noch Lampenfieber. Trotz aller Erfahrung lastete ein gewisser Druck auf mir. Ich wusste, dass die Menschen, die eine Show mit einer bekannten und erfolgreichen Eiskunstläuferin besuchen, auch hohe Erwartungen haben. Sie wollen etwas Spezielles sehen. Von mir wurde immer eine Topleistung gewünscht. Und natürlich war auch die Presse jedes Mal vor Ort. Wenn ich nach all den Jahren im Programm stürzte, dann würde man das am nächsten Tag in den Zeitungen lesen. Oft wurden die Shows auch live übertragen, was den Druck nochmals erhöhte.

Zum Glück konnte ich von klein auf meistens meine Leistung zeigen. Das Mentaltraining hat später unterstützend gewirkt. Aber der Druck nahm immer mehr zu, denn es ist natürlich ein Unterschied, ob man an einer Europameisterschaft oder einer Weltmeisterschaft antritt. Als Kind bin ich einfach gelaufen und habe mir keine großen Gedanken gemacht. Doch es gibt auch Kinder, die vor Wettkämpfen extrem nervös sind.

Obwohl diese Anspannung wirklich unangenehm ist, brauchte ich sie auch. Sie löste sich erst ein wenig, wenn ich aufs Eis ging und das Publikum klatschen hörte. Während des Auftritts dann schien alles zu fließen – ich hatte viel Adrenalin in mir, und die Spannung im Körper ließ mich noch besser werden. Am nächsten Tag folgte dann eine Art Muskelkater. Natürlich war ich auch nervös, wenn ich in einer Fernsehshow auftrat. Das Lampenfieber vor solch einem Auftritt oder einem Interview lässt sich aber nicht mit der Anspannung vor einem Wettkampf oder einer Eisshow vergleichen. Auf dem Eis muss ich eine körperliche Leistung bringen, das ist etwas ganz anderes, als wenn ich mich irgendwo hinstellen und nur etwas sagen muss. Die Anspannung auf dem Eis ist ungleich höher. Bei Sprüngen kommt zusätzlich noch die Gefahr eines Sturzes hinzu, das ist nicht dasselbe wie Tanzen und Figuren zeigen. Sprünge sind wirklich am schwierigsten, vor allem Dreifach-Sprünge. Die bleiben einfach immer riskant, egal, wie erfahren man ist.

Bei Art on Ice konnte man die unterschiedlichen Arten von Nervosität gut beobachten. Die Musiker brauchten eine eher lockere Stimmung. Wir Eiskunstläufer waren hingegen sehr konzentriert und zogen unser Einturnen durch. Klar, auch wir rissen ab und an Witze. Aber zuerst Rambazamba machen und dann raus aufs Eis fahren und eine Topleistung abliefern, das funktioniert nicht. Auf dem Eis ist man extrem exponiert. Man steht allein da, vor all diesen vielen Menschen. Wenn man stürzt, sehen es alle, während es vielleicht nicht jeder merkt, wenn ein Sänger einen Ton nicht genau trifft. Und wenn man auf dem Eis liegt, muss man sofort wieder aufstehen, im wahrsten Sinn des Wortes – während das Publikum von oben auf einen herabschaut. Hinzu kommt das äußerst unangenehme Gefühl, im *Röckli* ungeschützt mit dem Hintern aufs kalte Eis zu knallen.

So etwas ärgert jede Läuferin. Als ich an der Europameisterschaft in Göteborg stürzte, war das ein Schock für mich, denn es war das erste Mal, dass ich bei einem Wettkampf so schlecht fuhr. Vorher hatte es immer geheißen: «Das Wunderkind – bei Denise funktioniert immer alles – sie springt Dreifache!» Und dann machte es «Bumm!». Plötzlich war meine heile Welt kaputt.

Erfahrung weitergeben – mein Leben als Coach

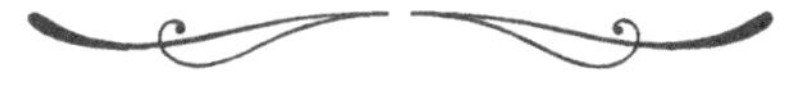

Eigentlich wollte ich nie Eiskunstlauf-Trainerin werden. Ich dachte, mir fehle die dafür nötige Geduld. Doch über die Jahre wurde ich immer mal wieder angefragt, ob ich Workshops leiten würde. So zum Beispiel vom Eislauf-Club Küsnacht, der seinen Wettkampfläuferinnen und -läufern 2011 während der Ferien etwas Spezielles bieten wollte. Ich sagte für eine Woche zu und dachte mir nicht viel mehr dabei.

Als ich den Workshop durchführte, realisierte ich aber, dass mir der Job als Trainerin richtig Spaß macht. Ich fand Gefallen daran, mit Menschen zu arbeiten und mein Wissen weiterzugeben. Zusätzlich zum Coaching auf dem Eis machte ich auch mein bewährtes Konditionstraining mit den Läufern. Im darauffolgenden Jahr fragte mich der Club erneut – und ich sagte wieder zu. Dann kamen weitere Angebote und ich wurde auch andernorts für Workshops engagiert.

Zu dieser Zeit trat ich aber noch oft an Eisshows und Events auf. So wurde ich beispielsweise einmal von einer Firma für ihre Jubiläumsfeier engagiert. Das Unternehmen hatte Mitarbeitende, Kunden und Gäste aus dem In- und Ausland auf das Jungfraujoch eingeladen. Dort sollte ich im Eispalast mehrere Auftritte absolvieren. Ich wollte eine Nummer zu House-Musik zeigen, die extrem schnell und sehr anstrengend war. Weil der Ort auf knapp 3'500 m ü. M. liegt, kürzte ich mein Programm von 4.5 Minuten auf circa 2.5 Minuten. Zum Proben blieb an diesem Tag allerdings keine Zeit, aber ich war topfit. Trotzdem begleitete mich auf dem kurzen Weg von der Garderobe bis zum Eisfeld immer jemand mit einem Sauerstoffgerät. An vorderster Front warteten die für mein Wohlbefinden zuständigen Personen, bis meine Nummer vorbei war, um mich danach wieder zur Garderobe zu bringen. Ich habe diese Auftritte aber ohne Atemprobleme hinbekommen.

Wenn man Läuferinnen trainiert, muss man für sie da sein. Deshalb habe ich zuerst gemeinsam mit einer anderen Trainerin eine Eiskunstläuferin gecoacht, doch bald unterrichtete ich allein zwei Läuferinnen. Damit mein Tages- respektive Wochenplan nicht zu sehr von Terminen anderer bestimmt wurde, wollte ich die Zahl meiner Schülerinnen zunächst nicht erhöhen. Das Ganze entwickelte sich aber in eine andere Richtung. Es war nicht so, dass ich eine bewusste Wahl getroffen hätte. Doch die Arbeit als Trainerin machte mir Spaß, und ich erhielt immer mehr Coaching-Anfragen.

Seit zehn Jahren unterrichte ich nun Leistungssportlerinnen, Nachwuchs- und Eliteläuferinnen und gebe mein Wissen in Sprung- und Pirouetten-Technik weiter. Mittlerweile trainiere ich rund zehn Personen, die ich in Gruppen, aber auch einzeln coache. Damit meine Schülerinnen möglichst viel lernen, teile ich sie in Leistungsgruppen ein. Meine Elite- und Spitzensport-Läuferinnen trainieren sechsmal in der Woche, manchmal belegen sie zusätzlich noch Einzeltrainings. In diesen kann ich ihre individuellen Ziele noch intensiver mit ihnen üben, was natürlich wichtig ist. Wöchentlich kommt ein Longe-Spezialist hinzu, also jemand, der die Läuferinnen bei den Sprüngen mit einer Leine sichert. In dieser Zeit kann ich mit den anderen in der Gruppe an der Technik arbeiten. Zwar mache ich auch selbst Choreografien, aber wenn man Technikcoach ist und Sprünge und Pirouetten unterrichtet, dann ist man genügend ausgelastet. Um die künstlerische Entwicklung meiner Schülerinnen zu fördern, kommt deshalb regelmäßig die Weltklasse-Choreografin Salome Brunner in die Trainings. Der Eislauf-Club Zürich stellt uns zudem einen Top-Ballettmeister zur Seite.

Die Trainings auf dem Eis allein reichen aber nicht, damit die Läuferinnen vorankommen. Das Fundament für gute Leistungen ist die körperliche Fitness. Sie ist auch immens wichtig, um Sprünge bewältigen zu können. Deshalb gehören zu meinem Coaching auch Konditionstrainings. Diese leite ich dreimal in der Woche – zwei Leistungssport-Konditionstrainings für die Größeren, die Elite, und eines für die Kleineren, den Nachwuchs. Wenn Termine anstehen, die sich nicht verschieben lassen, vertritt mich mittlerweile eine Assistentin, Linda, meine Elite-Kaderläuferin.

Mit den Fünf- bis Sechsjährigen – übrigens das ideale Einstiegsalter beim Eiskunstlauf – kann man noch nicht so lange auf dem Eis üben. Im Schnitt sind es drei bis vier Trainings pro Woche, die jeweils eine bis zwei Stunden dauern. Bei den Kleinen ziehe ich nach dem Unterricht immer eine Art Fazit und erkläre ihnen, wie sie sich besser aufs Training vorbereiten können. Ich erinnere sie daran, dass sie beim nächsten Mal wieder alle nötigen Utensilien mitbringen sollen, und manchmal muss ich ihnen vor dem Konditionstraining auch sagen, dass sie ihre Turnschuhe richtig schnüren sollen.

Ob eine Läuferin Talent hat, bemerkt man schon sehr früh. Die einen können etwas, was man ihnen zeigt, sofort umsetzen, andere brauchen etwas länger dafür. Dann gibt es Schülerinnen, die schön gleiten, bei anderen sind die Bewegungen vielleicht etwas weniger geschmeidig. Manche sind anfangs bei den Sprüngen eher vorsichtig, da muss man als Coach abwarten, wie sich das entwickelt. Es gibt aber auch Läuferinnen, die von Beginn weg vieles richtig machen. Wie überall im Leben fällt es nicht allen gleich leicht.

Es ist selten, dass jemand alle Voraussetzungen mitbringt, die es braucht, um sich in der Top-Liga mit internationalen Eiskunstläuferinnen zu messen. Dafür muss sich sozusagen jedes Teil im Puzzle zusammenfügen, das macht es schließlich aus. Und natürlich gehört auch viel Disziplin dazu, das weiß ich aus eigener Erfahrung. Es gibt aber auch junge Läuferinnen, die nicht so talentiert sind. Doch weil sie erfolgreich sein wollen, geben sie alles und trainieren eifrig. So kann es sein, dass sie schließlich weiter kommen als talentierte Läuferinnen, die weniger diszipliniert sind. Zudem gibt es Läuferinnen, denen es an Sprungkraft fehlt. Sie können nicht hoch genug springen – oder sie haben Angst davor. Solchen Mädchen würde ich empfehlen, in eine andere Sparte des Eiskunstlaufens zu wechseln oder nur Stil-Tests zu absolvieren, bei denen keine Sprünge nötig sind und vor allem auf die Schritte, den Kantenlauf und die Eleganz geachtet wird.

Zu guter Letzt gibt es auch körperliche Faktoren, die für eine Eiskunstlaufkarriere förderlich oder hinderlich sein können. Asiatinnen beispielsweise haben einen guten Körperbau für diese Sportart, denn sie sind eher klein und oftmals von feingliedriger Gestalt. Bei Europäerinnen ist dies nicht immer der

Fall. Und wenn eine junge Läuferin während der Pubertät plötzlich in die Höhe schießt, ist das ebenfalls nicht ideal. Doppelsprünge bringen die Läuferinnen in der Regel hin, der Knackpunkt sind aber auch heute noch die Dreifach-Sprünge.

Als Trainerin versuche ich, meine Schülerinnen voranzubringen – auf eine positive Art. Ich fördere sie, aber ein respektvoller Umgang ist sehr wichtig, auch wenn sie mal schlecht gelaunt sind. Natürlich weise ich eine Läuferin darauf hin, wenn ich das Gefühl habe, dass sie sich besser aufs Training konzentrieren sollte, aber ich muss sie auch motivieren können. Ich bin ein Coach, der sehr genau hinschaut und hohe Qualitätsansprüche hat, doch es ist mir wichtig, dabei für eine gute Atmosphäre zu sorgen. Denn Freude fördert die Leistung. Ich bin zwar eine strenge Trainerin, aber ich würde meine Schülerinnen nie beleidigen oder anschreien. Leider ist das nicht überall so. In gewissen Ländern gibt es diesbezüglich keine Ethik-Statuten, die das Verhalten der Coaches reglementieren. Die sehr unterschiedlichen Methoden sah ich auch einmal bei einem Trainingskurs. Dort beobachtete ich einen ausländischen Trainer, der einige Läuferinnen wie Puppen behandelte. Ziemlich ruppig zog er an ihren Beinen und Armen, um diese in die richtige Position zu bringen – das war für ihn völlig normal.

Mir ist es wichtig, dass ich eine gute Verbindung zu meinen Schülerinnen habe. So merke ich, wie sie sich fühlen, wenn sie ins Training kommen. Schon wenn sie in der Halle auftauchen, kann ich sagen, wie ihr Tag gelaufen ist. Ich sehe es ihren Gesichtern an, ob sie sich vorher beispielsweise mit jemandem gestritten haben. Man trifft sich ja beinahe täglich, da bekommt man vieles mit. Ich spreche sie aber nicht direkt darauf an.

Wenn dann etwas auf dem Eis nicht richtig klappt, beginnen sie manchmal von selbst zu erzählen, und, ja, es kann auch vorkommen, dass mal Tränen fließen. Plötzlich bricht es dann aus den Mädchen heraus, und dann sind mein Trost und manchmal auch mein Rat gefragt.

Grundsätzlich versuche ich aber, keine Gespräche direkt auf dem Eis zu führen. Wir wollen die Zeit ja fürs Training nutzen, und in Gruppentrainings muss ich alle coachen, da ist nicht viel Zeit für einen Austausch mit einzelnen Schülerinnen drin. Wenn ich merke, dass etwas wirklich besprochen werden muss, versuche ich also, das in der Pause zu tun, wenn das Eis gereinigt wird oder – falls die Zeit dafür bleibt – nach dem Training. Oftmals bespreche ich Dinge mit den Schülerinnen oder ihren Eltern aber auch telefonisch. Eiskunstlauf-Trainerin zu sein beinhaltet viel mehr, als den Läuferinnen die richtige Technik beizubringen. Die menschliche Komponente ist ein sehr wichtiger Bestandteil meiner Arbeit.

Und natürlich darf der Spaß nicht fehlen. Ich selbst mochte auch die Coaches am liebsten, welche die Sachen gut rüberbringen konnten und manchmal einen Spruch machten, damit das Ganze *e chli läbt*. Doch beim anstrengenden Leistungssport-Konditionstraining liegt *Pläuderle* nicht drin, da kann ich sehr streng sein.

Vor allem in Gruppentrainings ist es wichtig, Grenzen zu setzen. Zusätzlich zu den Konditionstrainings, die ich für den Eislauf-Club Zürich anbiete, findet jeweils am Freitag noch eines für meine Läuferinnen statt. Auch andere Läufer melden sich dafür an. Meiner Erfahrung nach mögen es viele, wenn sie gefordert werden. Wenn man seine Fitness verbessern will, muss man an seine Grenzen und auch darüber hinaus gehen. Den inneren Schweinehund überwinden, wie man so schön sagt, ist etwas vom Wichtigsten, um sich im Sport verbessern zu können. Ich war diesbezüglich immer sehr hart mit mir, und das gebe ich auch so weiter. Die Läuferinnen mögen dieses anspruchsvolle Training, das sie kräftiger und stärker macht. Diese Kraft ist vor allem für Sprünge wichtig, die wir auch abseits vom Eis üben, auf dem Boden. Dabei tragen die Läuferinnen Gewichtsmanschetten an ihren Fußgelenken, die zwischen 1 bis 1.5 Kilo wiegen. Solche Manschetten packe ich auch heute noch in meinen Trainingsbeutel, wenn ich in die Ferien gehe. Eine Woche ohne *Kondi* ist für mich nicht denkbar.

Da ich aus eigener Erfahrung weiß, wie wichtig mentale Stärke ist, unterstütze ich meine Schülerinnen auch in diesem Bereich. Doch nicht alle Menschen können visualisieren. Wenn sie an etwas Positives denken sollen, und es gehen ihnen stattdessen nur negative Gedanken durch den Kopf, dann bringt es nichts. Natürlich versuche ich, meine Schülerinnen zu motivieren, manchmal auch mit Sprüchen wie «If you want to do it, you can do it!». Solche Aussagen tönen zwar banal, aber sie funktionieren. Ich sagte beispielsweise früher bei Wettkämpfen vor jedem Sprung ein Mantra auf: «Der geht, der geht, der geht.» Und heute empfehle ich dieses Vorgehen auch meinen Läuferinnen. Manchmal rate ich ihnen schon im Training, sie sollen folgende Aussage laut wiederholen: «Ich bin super! Ich kann das! Ich fege das Programm durch!» Meist sprechen die Mädchen diese Sätze zunächst eher leise nach, mit der Zeit werden sie aber mutiger, und ihre Stimmen werden dementsprechend auch lauter. Vor einem Wettkampf oder Test müssen sie mir den Motivations-

Spruch jeweils laut und deutlich vortragen. Und dann gehen sie aufs Eis und fahren ihr Programm.

Diese Methode hat sich bewährt, denn solche positiven Sätze bauen die Läuferinnen auf. Wer aber mit einem Gedanken wie «Hoffentlich stürze ich nicht!» aufs Eis geht, schwächt sich. Der Körper macht, was man denkt – er führt nur aus. Klar, die Technik der Läuferinnen muss stimmen. Doch ich bin fest davon überzeugt, dass solche Sätze einen stärker machen. Es ist aber wichtig, dass man sie mehrmals wiederholt und gleichzeitig von sich selbst und seiner Leistung überzeugt ist.

Eine andere Trainerin hat mir mal gesagt, meine Art zu unterrichten erinnere sie an Herrn Hügin. Wie mein langjähriger Coach würde ich auf eine ruhige Weise trainieren und gäbe meinen Läuferinnen dadurch Sicherheit. Ihre Einschätzung hat mich natürlich gefreut. Mein Trainer war ein genialer Techniker und konnte alles immer gut beschreiben – die Winkel, wie sehr ich das Eisen herausstellen muss vor einem Sprung usw. Kraft allein nützt nichts. Wenn man nach einem Sprung fällt, dann hat man meistens schon beim Anlauf einen Fehler gemacht.

Als ich jung war, war mir alles, was mit Eiskunstlaufen zu tun hatte, wichtig. Weil ich diese Dinge lernen wollte, legte ich mich ins Zeug, übte und beherrschte sie irgendwann auch. Ich bin überzeugt davon, dass man strukturierter ist, wenn einem etwas wirklich am Herzen liegt. Herr Hügin konnte mir die Dinge so erklären, dass ich sie mir gut vorstellen und auch umsetzen konnte. Zudem konnte ich Kritik immer annehmen; das fällt nicht allen Menschen leicht. Wenn man ein großes Ego hat, ist es meist schwieriger. Das merkt man schon bei Kindern, aber vor allem bei Teenagern.

Kritik ist beim Training nie persönlich gemeint. Als Coach ist es mein Job, meine Schülerinnen zu korrigieren und zu pushen, damit sie sich verbessern. Die Korrekturen äußere ich direkt und klar. Die einen setzen das Gesagte danach gleich um, zack, bum. Andere brauchen etwas mehr Zeit. Viele Jugendliche können Kritik von ihren Eltern nicht gut annehmen, und diese sind deshalb froh, wenn ihre Töchter wenigstens auf mich hören. Manchmal treffe ich Eltern, deren Kind einst bei mir im Training war und die mir selbst nach Jahren dafür danken, was ich ihrer Tochter in Sachen Disziplin und Dranbleiben beigebracht habe. Solche Feedbacks freuen mich natürlich sehr.

Eltern, die ihre Kinder zu mir bringen, wollen, dass diese etwas erreichen. Wenn eine Läuferin eine Zeit lang bei mir trainiert, übernimmt sie gewisse Dinge von mir, zum Beispiel meinen Laufstil oder schöne Flugphasen bei den Sprüngen. Es ist toll, wenn es in die richtige Richtung geht und die Läuferin stetig Fortschritte macht. Deshalb zeige ich auch vieles selbst auf dem Eis. Und ich lehre meine Schülerinnen die richtige Technik für die Sprünge. Natürlich wäre es schön, wenn eine meiner Schülerinnen eines Tages Weltmeisterin würde. Doch dafür muss so vieles stimmen, und die Läuferin muss wirklich ein Ausnahmetalent sein.

Im Gegensatz zu vielen anderen Kindern war ich froh, dass ich mit meiner Mutter trainieren konnte. Und ich hatte das große Glück, dass mir vieles relativ leichtgefallen ist. Sicher, auch ich bin gestürzt und musste so einiges lernen. Doch dank meines Talents gehörte ich gleich von Beginn weg zu den guten Läufern und konnte Levels überspringen. Mit zehn Jahren beherrschte ich Dinge, die sonst nur ältere Läuferinnen schafften. Zudem konnten mich Herr Hügin und Mami immer zu Bestleistungen anspornen. Und wenn meine Mutter sagte, dass ich eine Pirouette schneller drehen sollte, machte ich das, auch wenn ich das Gefühl hatte, sie sei okay gewesen.

Oft ist es so, dass man als Läuferin denkt, alles sei bestens, das Bein sei beispielsweise gestreckt. Wenn der Trainer dann das Gegenteil sagt, ist man zunächst irritiert. Die eigene Wahrnehmung deckt sich nicht mit derjenigen des Coachs. Mir ging es auch manchmal so, und dann versuchte ich, noch mehr auf das Gesagte zu achten und es richtig umzusetzen. Es gibt aber auch Menschen, denen man etwas erklärt – und danach sieht die Figur auf dem Eis genauso aus wie zuvor. Dann muss auch ich dranbleiben und auf eine andere Art zu erklären versuchen, was die Schülerin ändern sollte. Wenn die Technik stimmt und ein Sprung trotzdem nicht funktioniert, denken die Läuferinnen vielleicht schnell einmal, dass es am Trainer liegt, wenn etwas nicht klappt. Meistens ist es jedoch schlicht nötig, mehr an sich selbst zu arbeiten. Natürlich muss man als Trainer aber auch die Grenzen einer Schülerin sehen.

Mit den Läuferinnen, die ich trainiere, bin ich sehr zufrieden. In der Regel bleiben sie bei mir, so wie ich früher bei Herrn Hügin geblieben bin. Es gibt aber auch Eiskunstläuferinnen, die eine Saison bei einem Coach trainieren und die nächste bereits bei einem anderen. Das bringt meines Erachtens zu viel Unruhe in das Ganze. Es ist wichtig, dass der Technik-Trainer nicht zu oft ausgewechselt wird, denn er soll seine Schüler ja aufbauen. Was die Choreografie angeht, kann man – wenn man möchte – Verschiedenes ausprobieren, aber nicht in der Technik.

Mich wollte der Schweizer Eislaufverband mal zum Training nach Amerika schicken. Ich sollte während des Sommers 1979 in Colorado Springs bei Carlo Fassi trainieren. Dieser coachte einen sehr erfolgreichen Eiskunstläufer, und deshalb schickten viele Länder gute Läufer zu ihm, damit er sie noch mehr förderte. Ich wollte damals aber nicht zu Fassi reisen, ich war ja zufrieden mit Herrn Hügin. Natürlich kann es menschliche Probleme zwischen einem Coach und seinem Schüler geben. Doch wenn das Verhältnis stimmt, dann sollte man nichts ändern.

Wenn man nicht hoch genug springt, dann bekommt man keinen Dreifach-Sprung hin. Klar bringt Konditionstraining viel für die Sprungkraft, aber man kann als Coach nicht einfach einen Zauberstab nehmen und jedes ambitionierte Mädchen in eine Topläuferin verwandeln. Tritt der gewünschte Erfolg nicht ein, fängt oft ein Trainer-Hopping an, doch dieses bringt die Läuferinnen meist nicht weiter. Erfolg hängt im Eiskunstlauf von so vielen verschiedenen Dingen ab – welche Voraussetzungen jemand mitbringt, wieviel Talent, wie oft man trainiert, nach welchem Konzept, wie hart man an sich arbeitet und wie gut man Korrekturen umsetzen kann. Es gibt keine Abkürzungen und keine Zauberei. Beim Spitzensport kommt man an seine Grenzen, das muss man aushalten können. Nebst Verletzungen kann auch der Zeitpunkt der Berufswahl einen Einfluss darauf haben, in welche Richtung sich eine Läuferin entwickelt. Manche beginnen eine Lehre oder studieren, einige versuchen Training und Ausbildung unter einen Hut zu bringen, und viele trainieren einfach aus Freude weiter.

Heutzutage ist Spitzensport eine schnelllebigere Sache als zu meiner Zeit. Da Pflichtfahren nicht mehr geübt werden muss, bleibt mehr Zeit, um kraftraubende Sprünge zu trainieren. Das jedoch bedeutet, dass manche Läuferinnen springen, bis ihr Körper ausgelaugt oder gar verletzt ist. Ein paar wenige Athletinnen zeigen heute gar Vierfach-Sprünge in ihrer Kür. Mit 13 habe ich auch probiert, bei dreifachen Sprüngen noch weiter zu drehen. Mehr als 3.5-Drehungen habe ich bei meinem ersten Versuch aber nicht erreicht. Unsere Schlittschuhe waren zudem schwerer und hatten schwerere Eisen. Irgendwann bin ich nach solch einer Extra-Drehung auf den Bauch geknallt, und nach dieser schmerzhaften Erfahrung habe ich Vierfache nicht mehr geübt.

Wenn man junge Eiskunstläuferinnen zu hart trainieren lässt, ohne die nötigen Ruhepausen dazwischen, dann ist ihr Körper nach ein, zwei Jahren «verbraucht». Vielleicht stehen auch deshalb bei Europa- und Weltmeisterschaften bei den Damen immer wieder andere Läuferinnen auf dem Podest. Deren Namen sind zwar unter Eiskunstläufern bekannt, die meisten Menschen kennen sie aber nicht. Heutzutage gibt es keine Persönlichkeiten mehr, deren Karriere auch das breite Publikum verfolgt wie zu meiner Zeit.

Als junge Läuferin wollte ich vorankommen, ich wollte, dass mein Training Früchte trägt. Mein Stolz hätte es nicht zugelassen aufzugeben. Diesen Drive haben nicht alle Läuferinnen gleich von Beginn weg. Manche muss man im Unterricht zuerst ein bisschen wachrütteln. Zu manchen Schülerinnen sage ich deshalb: «Vor dem Training musst du wie ein Rennpferd vor dem Start sein.»

Früher hat meine Mutter die Akrobatikstunden, das Ballett- und das Konditionstraining für mich organisiert. Heutzutage ist für all das der Coach zuständig. Für jede Schülerin erstelle ich also einen kompletten Trainingsplan, den ich mit ihr und allenfalls auch ihren Eltern bespreche. Als junges Mädchen hätte mir das nicht gepasst, denn ich mochte schon damals vorgegebene Schablonen nicht so sehr. Vielleicht wollte ich auch deshalb so lange nicht als Trainerin arbeiten. Ich wusste, dass ich dann jeden Tag nach einem fixen Stundenplan unterrichten müsste.

Mittlerweile habe ich mich aber an diese Struktur gewöhnt, und mein Leben als Coach erfüllt mich sehr.

Silvia

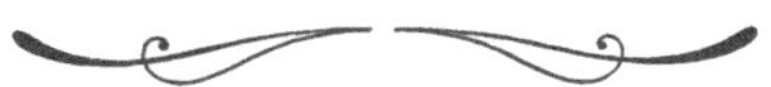

Meine Schwester ist 2015 gestorben – mit 56 Jahren. Ihr Tod war der härteste Schicksalsschlag in meinem Leben. Die ersten paar Jahre danach konnte ich kaum darüber reden, weil ich immer gleich weinen musste. Mittlerweile geht es etwas besser, doch es fällt mir immer noch schwer, über Silvia zu sprechen. Der Schmerz kommt dann wieder hoch. Es war nicht so, dass ich bis dahin keinen wichtigen Menschen verloren hätte. Mein Vater starb, als ich 42 war, und ich brauchte lange, um seinen Tod zu verarbeiten. Doch er starb mit über 80 Jahren, sein Tod schien mir natürlicher als derjenige meiner Schwester, die buchstäblich aus dem Leben gerissen wurde.

Silvia hatte Krebs, doch sie war tough und hat nie gejammert. Selbst während ihrer letzten Tage blieb meine Schwester stets positiv. Wir hofften das Unmögliche, bis zum Schluss. Doch sie wusste, dass ihr Tod kurz bevorstand. Am 23. Dezember telefonierten wir noch miteinander, und am nächsten Tag wollten wir uns alle zur Weihnachtsfeier treffen – Silvia und ihr Mann Jürg, Mami, Colin und ich. Doch nur zwei Stunden nach unserem Gespräch ist meine vier Jahre ältere Schwester gestorben. Ich weiß noch genau, wie ich mich fühlte, als ich den Anruf erhielt. Colin und ich waren mit dem Auto unterwegs. Als ich die Nachricht vom Tod Silvias vernahm, hatte ich das Gefühl, ersticken zu müssen; ich dachte wirklich, dass ich keine Luft mehr bekam. Colin hielt irgendwo am Straßenrand an. Ich verließ den Wagen fluchtartig und schrie meinen Schmerz in die Dunkelheit hinaus.

Mittlerweile erinnere mich oft an die vielen schönen Momente, die wir zusammen hatten, auch auf dem Eis, zu Hause oder in den Ferien in Italien. Als wir Kinder waren, aß die Familie immer gemeinsam am Tisch, unternahm Ausflüge an den Wochenenden. Silvia und ich hatten ein enges Verhältnis: Sie war meine große Schwester, zu der ich hochgeschaut habe und der ich nacheiferte. Natürlich gab es auch die obligaten Streitereien unter Geschwistern; unter anderem waren diese dem Umstand geschuldet, dass Silvia sehr ordentlich war und ich eher chaotisch. Doch wir haben uns immer rasch wieder zusammengerauft.

Meine ältere Schwester und ich haben sehr viel miteinander unternommen und uns megagut verstanden. Oft gingen wir auch zusammen schwimmen. Im Dolder konnten wir ja früher im Sommer nicht auf dem Eis trainieren, dann hat uns Mami einfach in die Badi gebracht und danach wieder in die Schule. Einmal verletzte ich mich beim Rückwärtssalto vom Sprungturm. Beim Absprung hatte ich das Brett gestreift und dabei eine Seite meines Körpers aufgeschürft. Das schmerzte höllisch, und ich hatte Schwierigkeiten zu schwimmen. Silvia, die das Ganze beobachtet hatte, sprang sofort ins Wasser, brachte mich an den Beckenrand und zog mich aus dem Schwimmbecken.

Als wir erwachsen waren, haben wir oft miteinander telefoniert. Silvias Rat war mir wichtig. Ihre differenzierte, neutrale Haltung in ganz verschiedenen Bereichen hat mir immer sehr geholfen. Gemeinsam mit unseren Partnern haben wir die Wochenenden oft zu viert verbracht, meist waren wir bei Silva und ihrem Mann daheim. Während wir Schwestern miteinander redeten, haben Colin und Jürg zusammen gekocht – das war immer so schön. Wir Schwestern trafen uns manchmal aber auch einfach auf einen Kaffee in der Stadt, oder wir gingen zusammen spazieren und sprachen dabei über Dinge, die uns beschäftigten.

Heute denke ich manchmal: «Jetzt würde ich gerne Silvia anrufen und sie um Rat fragen.» Ich stelle mir vor, was sie wohl sagen würde und entscheide dann. Ich weiß ja, wie sie getickt hat. Meine Schwester war eine hilfsbereite und fröhliche Person. Wir teilten einen ähnlichen Humor und haben oft miteinander gelacht. Wenn ich irgendwo etwas Lustiges beobachte, geht mir manchmal durch den Kopf: «Darüber hätten wir jetzt gelacht.» Und wenn ich etwas Schönes sehe oder höre: «Das hätte Silvia auch gefallen.» Obwohl ich den Tod meiner Schwester mittlerweile ein wenig verarbeitet habe, ist die Weihnachtszeit für uns alle immer noch sehr schwierig. Nach dem Tod meines Vaters haben wir das Fest meistens bei Silvia und ihrem Mann gefeiert – und dann starb sie kurz vor Heiligabend. 2021 haben wir erstmals nach ihrem Tod wieder Weihnachten mit Jürg verbracht. Ich glaube, das war ganz in Silvias Sinn, und wir erlebten einen schönen Abend miteinander.

In ihrer Jugend war meine Schwester ebenfalls eine erfolgreiche Eiskunstläuferin. In der Kategorie B wurde sie Schweizermeisterin, und sie hatte drei Goldtests. Doch nach einem England-Aufenthalt schlug Silvia eine andere Richtung ein. Nebst ihrer beruflichen Karriere hat sie sich aber weiterhin dem Eistanz auf hohem Niveau gewidmet – das hat ihr immer Spaß bereitet –, und eine Zeit lang trainierte sie auch Juniorinnen. Silvia war immer sehr stolz auf mich. Doch ich kann mir vorstellen, dass ihr Leben mit einer erfolgreichen jüngeren Schwester nicht immer einfach war. Trotzdem verspürte ich nie Eifersucht von ihrer Seite. Als ich Profi wurde, hat sie mich anfangs ein paarmal zu Anlässen begleitet, doch eigentlich mochte sie das nicht so. Silvia stand dann schon ein wenig im Abseits. Während die Menschen sich um mich drängten, wurde sie mit Bemerkungen wie «Aha, Sie laufen auch Schlittschuh?» abgefertigt.

Nach Abidjan ist sie aber gerne mitgekommen. Wir waren auf Einladung von Kuoni an die Elfenbeinküste geflogen und sollten beide dort auftreten. Seit unserer Kindheit war das selten der Fall gewesen, und so genossen wir es, vor afrikanischem Publikum fahren zu dürfen. Eiskunstlauf war in der Bevölkerung nicht wirklich bekannt, doch die Menschen reagierten begeistert auf unsere Shows. Schon als wir jeweils aufs Eis fuhren, brandete Jubel auf.

Zurück in der Schweiz, konnten wir die Berichterstattung über unsere Reise lesen. So schrieb beispielsweise der «Blick», ich sei an der Elfenbeinküste «wie eine Königin empfangen» worden. Und tatsächlich habe ich in Abidjan eine Krönung erlebt: Man ernannte mich als erste Frau zum Ehrenhäuptling der Cocodi. Nach meiner Einkleidung forderte mich der Häuptling des Stammes zu einem Tanz auf. Die Zeremonie fühlte sich etwas ungewohnt an, doch ich fand sie auch faszinierend. Das Ehrenhäuptling-Gewand hängt noch heute bei meiner Mutter in einem Schrank.

Wenn ich an Abidjan denke, fällt mir auch immer gleich die lustige *Birchermüesli*-Geschichte ein. Irgendwer hatte den Organisatoren dieser Reise verraten, dass ich sehr gerne Birchermüesli esse. Deshalb bereitete man in der Küche des Hotels eine Riesenschüssel für mich vor, die vor jeder neuen Mahlzeit immer wieder auf den Tisch gestellt wurde, bis ich alles verspeist hatte – selbst in unseren Zimmern stand die Schüssel bereit und wurde uns sogar in unsere Garderoben hinterhergetragen. Meine Schwester fand das nicht so toll, denn sie war eigentlich kein Müesli-Fan, aber wir mussten doch beide herzlich über die «wandernde Riesenschüssel» lachen.

Mein schönstes Erlebnis mit Silvia liegt aber lange zurück – ich war damals ungefähr zwölf Jahre alt. In jenem Sommer war das Wetter in Zürich oft schlecht, während im Süden der Schweiz zumeist die Sonne schien. Ohne es vorher mit unserer Mutter abzusprechen, sagte mein Vater deshalb eines Tages zu Silvia und mir: «Fahrt doch ins Tessin.» Meine Schwester und ich zögerten nicht lange, packten unsere Koffer und reisten mit dem Zug in Richtung Süden. Wir waren ja immer nach Italien in die Camping-Ferien gefahren und kannten daher Locarno, wo wir meistens auf der Rückreise übernachtet haben.

Um eine Unterkunft zu finden, empfahl uns Papi, am Bahnhof die Tafel mit der Hotel-Übersicht zu suchen. Das haben wir auch brav gemacht und eine kleine, günstige Pension gefunden, die wir mit dem Geld, das uns Papi mitgegeben hatte, auch bezahlen konnten. Das Hotel lag zwar direkt an einer befahrenen Straße und an Schlafen war nicht wirklich zu denken, aber wir waren happy. Natürlich gingen wir gleich ans Lido zum Baden. Am nächsten Morgen haben wir gefrühstückt, den Tag nochmals am See verbracht und sind dann abends nach Hause zurückgekehrt. Das war für mich ein wunderbares Erlebnis. Wir waren beide ja noch relativ jung, doch Papi hat nicht unvorsichtig gehandelt. Er wusste, dass er sich auf Silvia verlassen konnte. Die rebellische Person – das war damals ich.

Älterwerden

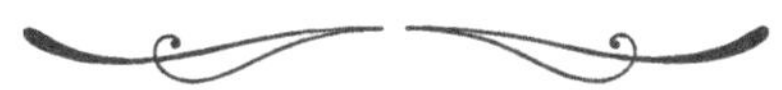

Manche Menschen denken, dass man ab einem bestimmten Alter gewisse Dinge nicht mehr machen sollte. Mir gefällt es aber immer noch, mit meinen Freunden in einen Club zu gehen oder mit den «Magic Dancers», der Showtanzgruppe meiner Freundin Colette, an der Street Parade im Spiegel-Bikini stundenlang auf einem Lovemobil zu tanzen. Zu Hause geht mir beim Vorbereiten zwar manchmal der Gedanke durch den Kopf, ob ich da wirklich hinwill. Doch wenn ich dann die wummernden Bässe höre, oben auf dem Wagen stehe und zu tanzen beginne, dann hält mich nichts mehr … auch wenn die Füße am nächsten Tag schmerzen.

Als ich 50 wurde, habe ich E-Mails erhalten, in denen mich wildfremde Menschen deswegen kritisierten. Sie fanden es «daneben», dass ich in diesem Alter im knappen Outfit auf einem Lovemobil tanzte. Ich schrieb dann jeweils zurück, dass ich nicht nach meinem biologischen Alter, sondern nach meinem Gefühl lebe. Ich habe Schablonen noch nie gemocht und will mich nicht einschränken lassen. Nur weil ich älter bin, muss ich mich ja nicht gleich in einen Sack hüllen. Mittlerweile bekomme ich keine solchen Nachrichten mehr. Die Menschen akzeptieren scheinbar, dass ich mache, worauf ich Lust habe, auch wenn ich nicht mehr die Jüngste bin, und oft erhalte ich ein positives Feedback von Frauen, die das cool finden und in mir ein Vorbild sehen.

Nun werde ich also 60 Jahre alt und stehe immer noch täglich auf dem Eis. Als junge Frau habe ich gedacht, dass ich schon mit 40 damit aufhören würde. Als ich bei Holiday on Ice begann, war Marika Kilius 39, und ich konnte mir damals nicht vorstellen, dass ich in ihrem Alter noch eislaufen würde. Heute sage ich mir, dass man all das tun soll, was man möchte und was einem der Körper noch erlaubt. Es gibt eigentlich keine Grenzen. Falls ich 85 werden sollte wie die Französin Jacqueline André, die in Cortesis Film vorkommt, und dann immer noch fit bin, würde ich genauso wie sie aufs Eis gehen. Schlittschuhlaufen ist meine Leidenschaft und mein Job. Ich brauche das Eis. Wenn ich auf dem Eis bin, fühle ich mich überall auf der Welt zu Hause.

Natürlich stellt man sich in meinem Alter auch Fragen zur Zukunft, aber grundsätzlich bin ich eine Macherin, ich grüble nicht tagelang. Deshalb habe ich mir wohl als junge Frau auch keine großen Gedanken gemacht, als ich bei den Dreharbeiten zum Film «Ein amerikanischer Traum» vor laufender Kamera gefragt wurde, ob ich an Gott glaube. Ich antwortete, dass ich nicht an den Mann im Himmel glaube, aber an eine höhere Macht. Cortesi wollte, dass ich das Ganze etwas direkter formulierte, und so sagte ich: «Ich glaube nicht an Gott, aber an eine höhere Macht.» Als der Film Anfang Dezember 1981 ausgestrahlt wurde, hörte man diese Aussage von mir, während ich im weißen Cape mit Federn, meinem Kostüm für das Finale bei Holiday on Ice, vor der Kamera stand.

Doch meine Aussage war verkürzt worden, und so verkündete ich um 20 Uhr – zur besten Sendezeit – am Schweizer Fernsehen: «Ich glaube nicht an Gott.» Dieser Satz löste Anfang der 1980er-Jahre einen Skandal aus, oder einen Shitstorm, wie man heute sagen würde. Aufgebrachte Zuschauer meldeten sich gleich nach der Ausstrahlung der Dokumentation beim Sender. Die Boulevardpresse berichtete darüber, aber auch die Teenie-Zeitschrift «Mädchen». Selbst der «Nebelspalter» brachte einen Artikel mit dem Titel «Glaubt Denise Biellmann an Gott?». Eine Schlagzeile jagte die andere: «Ungläubige Denise» – «Was sie wirklich glaubt» – «Denise über Gott und die Liebe». Fremde Menschen brachten bei uns zu Hause unzählige Bibeln vorbei, die sich vor der Türe stapelten. Das Telefon klingelte ständig, Gläubige ließen meine Eltern wissen, dass sie mich nicht richtig erzogen hätten und dass sie von mir enttäuscht seien.

Heute wäre solch eine Aussage wohl nicht mehr problematisch, aber für uns war es damals wirklich schlimm. Ich traute mich nicht mehr aus dem Haus. Selbst mein Vater, der sich sonst eher im Hintergrund hielt, schrieb dem Filmemacher einen Brief und ließ ihn wissen, dass er meine unbedachte Äußerung niemals so verkürzt hätte bringen dürfen. Zudem war Papi verärgert, dass Cortesi einer 19-Jährigen eine solche Frage überhaupt gestellt hatte. Meine Mentaltrainerin Frau Friebe, die im Fernsehen zu meiner Aussage befragt wurde, war derselben Ansicht. Viele Menschen fanden meine Ehrlichkeit aber erfrischend. Wenn man mir diese Frage heute stellen würde, würde ich das Ganze etwas anders formulieren. Ich glaube ja an eine höhere Macht, darum geht es auch in meinen Mentaltrainings. Aber damals habe ich das Herz halt einfach auf der Zunge getragen.

Ich bin zwar etwas ruhiger geworden, aber körperlich bin ich immer noch topfit – dank meiner Trainings auf dem Eis, im

Konditionstraining und beim Tae Bo. Nebst den Leistungssport-*Kondis* mit meinen Schülerinnen, bei denen ich mitmache, wenn es um das Training der Beine, der Arme oder des Bauchs geht, absolviere ich jeweils am Sonntag zusätzlich eines für mich. So schaffe ich es immer noch, die Biellmann-Pirouette hinzubiegen, wenn auch nur noch mit einem Arm. Manchmal kommen meine Mutter oder Colin vorbei, wenn ich auf dem Eis trainiere. Und ab und zu frage ich sie dann, ob ich die Pirouetten noch schnell genug drehe. Ihre Antwort ist eigentlich immer dieselbe: «Ja, schnell wie immer.»

Täglich absolviere ich zwischen 11 und 12 Uhr mein Training auf dem Eis. Danach bin ich schon etwas kaputt, auch ich spüre den Zahn der Zeit. Die Kraft zum Springen bringe ich aber immer noch auf und übe regelmäßig Dreifache. Doch die Verletzungsgefahr ist natürlich größer als mit 20 Jahren, deshalb springe ich heute viel konzentrierter. Von Montag bis Samstag unterrichte ich nachmittags meine Schülerinnen und stehe dann in einer kühlen Eishalle, obwohl ich eigentlich ein *Gfrörli* bin. Das sind intensive und anstrengende Stunden. Um meinen Schülerinnen ein gutes Training bieten zu können, muss ich körperlich fit und mental wach sein. Nach drei bis vier Stunden auf dem Eis bin dann auch ich etwas müde. Doch meine Energie reicht meist noch für ein *Kondi* oder manchmal auch House-Dance-Unterricht bei Colette.

Wenn ich für mich trainiere, steigt auch heute noch dieses freudige Gefühl in mir hoch. Das gibt mir sehr viel Energie, und ich werde zur «Eislauf-Denise». Mit den Schlittschuhen an meinen Füßen bin ich vollständig. In ihnen fühle ich mich 20 Jahre jünger. Manchmal denken Leute, die mich beim Training aus der

Ferne beobachten, ich sei eine junge Topläuferin. Beim Näherkommen realisieren sie erst, wer ich bin, und reagieren dann mit entsprechenden Kommentaren.

Ab und zu sind auch Schulklassen im Dolder. Einige Kinder kennen mich, andere wissen nicht mehr, wer ich bin, realisieren aber, dass ich sehr gut eislaufen kann. Plötzlich stehen sie dann an der Bande, applaudieren und sagen mir, dass ich «megagut» sei. Das freut mich natürlich. Und wenn die Lehrerin oder der Lehrer ihnen dann erklärt, dass ich eine Eiskunstlauf-Weltmeisterin bin, wollen viele von ihnen ein Autogramm von mir.

Die größte Ehre wurde mir 2014 zuteil. Damals wurde ich in die World Figure Skating Hall of Fame aufgenommen; diese Stätte befindet sich in Colorado Springs. Die Wahl in diese Reihen ist so etwas wie das Tüpfelchen auf dem i für eine Eiskunstläuferin. Als der Präsident des Organisationskomitees anrief und mir die Nachricht persönlich überbrachte, musste ich weinen. Diese Auszeichnung hat mich sehr gerührt, denn sie ist wirklich die höchste Ehre, die einer Eiskunstläuferin zuteilwerden kann. Es gibt Sportler, die Weltmeistertitel errungen oder bei den Olympischen Spielen gewonnen haben, aber trotzdem nicht in die World Figure Skating Hall of Fame aufgenommen wurden. Auszeichnungen allein reichen nicht – man muss Geschichte geschrieben haben im Eiskunstlauf.

Dass ich als erste Frau den Dreifachen Lutz gesprungen bin, die Biellmann-Pirouette entwickelt habe und auf eine sehr lange und erfolgreiche Karriere als Eiskunstläuferin zurückblicken kann, war wohl ausschlaggebend für meine Aufnahme in diese heiligen Hallen. Meine Profi-Karriere dauerte ja länger als die als Amateur. Und dort habe ich sehr oft gewonnen und junge

Läuferinnen geschlagen, obwohl ich immer älter wurde. Die Hall of Fame befindet sich zwar in Amerika, doch ich durfte selbst bestimmen, wo die Preisverleihung stattfinden sollte.

Meine Wahl fiel auf die Schweiz, wo die Ehrung während einer Art-on-Ice-Vorstellung stattfand. Zwar hatte ich schon ein paar Jahre zuvor meine Abschiedsvorstellung gegeben, doch die Show schien mir der geeignete Rahmen für diese Preisverleihung zu sein. Und so gab es dann während der Vorstellung einen Unterbruch, währenddem ein roter Teppich auf dem Eis ausgerollt wurde. Der Präsident der World Figure Skating Hall of Fame, Larry Mondschein, war aus Amerika angereist. Er und Reto Caviezel von Art on Ice hielten beide eine Ansprache, und auch ich hielt eine Dankesrede. Der emotionalste Moment war, als ich mich bei meiner Mutter bedankte, da musste ich kurz unterbrechen, weil sich meine Augen mit Tränen füllten.

Mami III

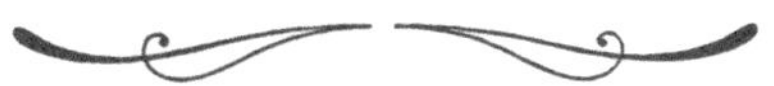

Mittlerweile ist Mami 90 Jahre alt, doch sie ist immer noch *vif*. Ich besuche sie oft, wenn möglich täglich, aber mindestens drei- bis viermal in der Woche. Wir frühstücken dann zusammen und gehen spazieren. Das tut ihr gut, aber auch mir. Mit ihr kann ich über alles reden, sie ist bestens informiert und weiß, was in der Welt läuft. Trotz ihres Alters hat meine Mutter immer noch ein Tagesprogramm. Zuerst trifft sie mich, dann fährt sie mit dem Auto von Zürich-Witikon zu ihrem Freund Hugo nach Rüti, gegen Abend kehrt sie wieder nach Hause zurück. Das geht eigentlich jeden Tag so.

Obwohl wir eine sehr enge Verbindung haben, sind wir in gewissen Dingen auch sehr verschieden. So trägt sie gern bunte Kleider, während ich schlichtere Töne bevorzuge. Ganz nach dem Vorbild ihrer verstorbenen Tante in Berlin zieht sich meine Mutter immer noch gerne schön an, sie schminkt sich und geht wöchentlich zum Coiffeur. Ihre Haare lässt sie seit Jahren schwarz färben, während meine blond sind. Bei der Kleiderwahl achtet sie zudem darauf, dass alles aufeinander abgestimmt ist. Wenn sie Rosa trägt, packt sie den rosa Schirm ein, falls es regnen sollte. Diesen Aufwand in ihrem Alter täglich zu betreiben ist anstrengend, und ich bewundere sie dafür.

Meine Mutter sagt, dass sie ein Tagesziel brauche, sonst sei sie nicht so gut *zwäg*. Mittlerweile geht sie aber nicht mehr gerne alleine raus, sie fühlt sich nicht mehr so sicher wie früher. Zwar geht sie allein zum Coiffeur, kauft auch selbständig ein, aber neuerdings bleibt sie auch gern mal zu Hause.

Epilog

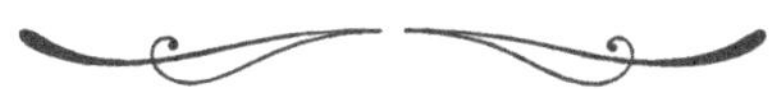

«Ich will irgendwann Eiskunstlauf-Weltmeisterin werden.» Diesen Satz soll ich gesagt haben, als ich 1971 gemeinsam mit Mami den auf dem Dolder trainierenden DDR-Läuferinnen zuschaute. Die Athletinnen waren für die Europameisterschaften angereist, die damals in Zürich stattfanden. Den Traum, den ich als kleines Mädchen hatte, habe ich mir nicht nur erfüllt, sondern noch so viel mehr erreicht, als ich mir je hätte erträumen können. Dafür bin ich dankbar.

Es gefällt mir, dass in meinem Leben immer noch viel los ist und ich aufregende Dinge erleben darf. Neben meinem Job auf dem Eis trete ich als Gastreferentin bei diversen Anlässen auf, habe Einsätze als Botschafterin der Laureus Foundation, die sich für Kinder und Jugendliche einsetzt, und engagiere mich auch in der Brustkrebs-Organisation «Pink Ribbon». Seit drei Jahren bin ich zudem Botschafterin von «Swiss Sports History», einer digitalen Plattform, die den Zugang zur Schweizer Sportgeschichte erleichtert.

Mittlerweile stehe ich seit rund 50 Jahren in der Öffentlichkeit. Als ich für dieses Buch die Alben durchblätterte, die meine Mutter über meine Karriere zusammengestellt hat, wurde mir erst bewusst, wie viel früher über mich berichtet wurde. Anfang der 1980er-Jahre machte die Presse beinahe aus allem, was ich sagte, eine Schlagzeile. Damals habe ich das gar nicht richtig realisiert. Und ich mag mir gar nicht vorstellen, wie es gewesen wäre, wenn es schon damals soziale Netzwerke gegeben hätte und meine Erfolge auch noch auf Instagram und Tiktok dokumentiert worden wären. Ich hatte jedoch immer ein gutes Verhältnis zur Presse, es war ein Geben und ein Nehmen. Heute ist alles auch nicht mehr so krass wie früher. Doch nach all den Jahren werde ich immer noch für Interviews und Fernsehshows im In- und Ausland angefragt, was ja nicht selbstverständlich ist. 2020 war ich bei «The Masked Singer Switzerland» dabei. Der Auftritt hat mir sehr viel Spaß gemacht, ich bin nun mal ein Mensch, der gern neue Dinge ausprobiert.

All diese Projekte, auch die Werbeaufträge, für die ich immer noch gebucht werde, bereiten mir sehr viel Freude, auch wenn ich manchmal jonglieren muss, um den morgendlichen Besuch bei Mami, den Unterricht auf dem Eis und beispielsweise ein Fotoshooting in einen zu Tag packen. Oft jagt ein Termin den anderen, und auch mit meinen Schülerinnen gilt es wichtige Ziele zu erreichen. Meine Wochenenden sind daher während der Eislauf-Saison oft verplant, weil Tests oder Wettkämpfe stattfinden. Manchmal habe ich im Winter keinen einzigen freien Tag.

Doch ich brauche nicht viel, um zufrieden zu sein. Wenn ich meine Familie und meine Freunde um mich habe, bin ich glücklich. Ich mag Orte, an denen man das Leben spürt und für deren Besuch man sich nicht besonders stylen muss. Schon früher behagten mir formelle Essen nicht sehr, weil es da so steif zuging. Am liebsten ist es mir, wenn ich in Jeans und Pulli irgendwo etwas essen kann; ich brauche keine schicken Restaurants.

Das kommt wohl daher, dass ich in einfachen Verhältnissen aufgewachsen bin. Als meine Schwester und ich klein waren, ging unsere Familie nie auswärts essen. Vielleicht gab es auf der Eisbahn mal eine heiße Schoggi zu trinken, darüber haben sich Silvia und ich immer sehr gefreut. Ich brauchte auch nie ein eigenes Haus, um mich zu Hause zu fühlen. Noch heute lebe ich in derselben Wohnung, in die ich damals mit Colin gezogen bin. Ich mag es, wenn andere Menschen mit im Gebäude leben – das gibt mir eine gewisse Sicherheit.

Neben den Erfolgen auf dem Eis gab es für mich auch immer ein anderes Leben. Ich hatte oft Heimweh; zu Hause zu sein, meinen Alltag zu haben, das gab mir Kraft. Wenn ich nach Wettkämpfen und Shows nach Hause gekommen war, ist mir nie die Decke auf den Kopf gefallen. Ich hatte Colin, Mami und meine Freundinnen.

Die private Denise und die erfolgreiche Eiskunstläuferin waren wie zwei Welten. Ich habe den Glamour nicht in meinen Alltag reingebracht. Diese Welt gefiel mir zwar, aber ich habe mich immer gefreut, wenn ich danach wieder nach Hause konnte. Wenn ich nach meiner Rückkehr aus dem Ausland im Dolder saß und ein *Birchermüesli* essen konnte, dann war für mich die Welt in Ordnung.

Dieses Gefühl ist bis heute geblieben. Solange ich irgendwo frühstücken, mit einem Kaffee in der Sonne oder am See sitzen kann – dann ist alles gut.

Erfolgstafel

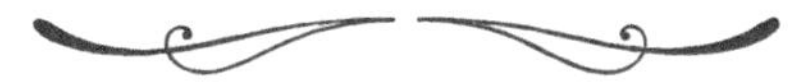

Amateur (ISU-Wettkämpfe)

Jahr	Ort	Rang
1970	Internationaler Kürwettkampf Liège, Belgien	1
1973	Schweizer Juniorenmeisterschaft, Lausanne	5
1974	Schweizer Juniorenmeisterschaft, Bern	1
1975	Internationaler Meisterschaft, Moskau, Russland	7
1975	Schweizermeisterschaft, Villars	11
1976	Schweizermeisterschaft, Bern	3 (1.Kür/Kurzkür)
1976	Weltmeisterschaft, Göteborg, Schweden	15
1976	Internationale Meisterschaft, St. Gervais (F)	2 (1.Kür/Kurzkür)
1976	Internationale Meisterschaft, Ottawa, Kanada	4 (1.Kür/Kurzkür)
1977	Schweizermeisterschaft, La-Chaux-de-Fonds	2 (1.Kür/Kurzkür)
1977	Europameisterschaft Helsinki, Finnland	6 (1.Kür/Kurzkür)
1977	Weltmeisterschaft, Tokio, Japan	10
1977	Richmond Trophy, London, England	3 (1.Kür/Kurzkür)
1978	Schweizermeisterschaft, Herisau	2
1978	Europameisterschaft, Straßburg, Frankreich	4 (1.Kür/Kurzkür)
1978	Weltmeisterschaft, Ottawa-Kanada	5 (2.Kür/Kurzkür)
1978	Internationale Meisterschaft, St. Gervais, Frankreich	1 (1.Kür/Kurzkür)
1978	Internationaler Kürwettkampf, Den Haag, Niederlande	1

1979	Schweizermeisterschaft, Aarau	1
1979	Europameisterschaft, Zagreb	3
1979	Weltmeisterschaft, Wien	5 (2.Kür/Kurzkür)
1979	Vor-Olympische Spiele, Lake Placid-USA	4
1979	Schweizer Sportlerin des Jahres	
1980	Schweizermeisterschaft, Bern	1
1980	Europameisterschaft, Göteborg	krank
1980	Olympiade, Lake Placid (USA)	4 (1.Kür)
1980	Weltmeisterschaft Dortmund	6
1980	Internationaler Kürwettkampf, Sapporo, Japan	1
1981	Schweizermeisterschaft, Lausanne	1
1981	Europameisterschaft, Innsbruck, Österreich	1 (1.Kür/Kurzkür)
1981	Weltmeisterschaft, Hartford, USA	1 (1.Kür/Kurzkür)
1981	Schweizer Sportlerin des Jahres	

Profi-Wettkämpfe

Jahr	Ort	Rang
1983	Profi-Weltmeisterschaft, Kanada	1
1984	Profi-Weltmeisterschaft, Japan	1
1985	Profi-Weltmeisterschaft, Japan	1
1989	Profi-Weltmeisterschaft, Frankreich (Paris)	1
1990	Profi-Weltmeisterschaft, Russland (Moskau)	1
1991	Doppel Profi-Weltmeisterschaft, Washington / Barcelona	1
1992	Profi-Weltmeisterschaft, Frankreich (Paris)	1
1994	Profi-Weltmeisterschaft, Frankreich (Paris)	1
1994	1. Weltcup, Cleveland, USA	1
1994	2. Weltcup, St. Louis, USA	1
1994	3. Weltcup, Nashville-USA	1
1994	4. Weltcup, Hamilton, Kanada	2
1995	Profi-Weltmeisterschaft, Paris, Frankreich	1
1995	1. Weltcup, Chicago, USA	1
1995	2. Weltcup, Boston, USA	2
1995	3. Weltcup, Hamilton, Kanada	2
1995	Profi-Weltmeisterschaft, Washington, USA	3
1995	Challenge of Champions, London, England	2
1995	Schweizer Sportlerin des Jahrhunderts Kat. «Open»	
1996	Challenge of Champions, Innsbruck-Österreich	1
1996	Rowenta Masters, Frankfurt, Deutschland	1
1996	Sportpreis der Stadt Zürich	
1997	Challenge of Champions, Tampa, USA	1
1998	Profi-Weltmeisterschaft, Jaca, Spanien	1
1999	Miko Masters Team Wettbewerb, Paris-Frankreich	Gesamtsiegerin
1999	Profi-Weltmeisterschaft, Washington, USA	2
2014	World Figure Skating Hall of Fame	

Glossar

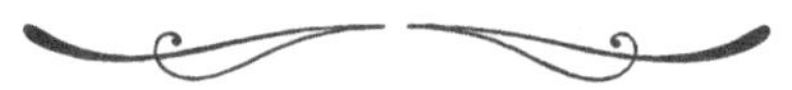

anebänglet (hinschmeißen)
Birchermüesli (Müsli)
Biruwete (Pirouette)
Bögli (Bogen)
Chärreli (kleines Auto)
e chli läbt (lebendig wird)
Fangis (Fangen spielen)
Flugi (Flugzeug)
Fünfer-Mocken (Bonbons)
Gförli (Frierkatze)
Gilet (Weste)
gschtumme (gepasst)
Gspändli (Kameraden)
Guetzli (Nahrungsersatz)
Huusi (Hauswirtschaftsunterricht)
Kondi (Konditionstraining)
Luusmeiteli (unartiges Mädchen)
Mödeli (Macken)
Ovi (Ovomaltine)
Pedalos (Tretboot)
Pflästerli (Pflaster)
Pläuderle (quatschen)
Pöstler (Postbote)
Röckli (Rock)
Rutscherli (zweikufige Schlittschuhe für Kleinkinder))
Rüebli (Karotte)
Schimpfis (Rügen)
Schiss (Angst)
Schlecksachen (Süssigkeiten)
Schneetöffs (Schneemobil)
Tam-Tam (Flan)
Töffli (Mofa)
uuläss (sehr lässig)
Velo (Fahrrad)
vif (lebhaft)
zwäg (bei guter Gesundheit)

Bildlegende

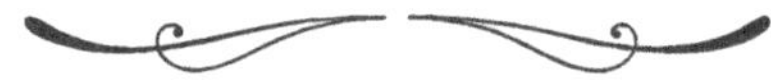

Die Urheber der Bilder wurde nach besten Wissen und Gewissen festgehalten und entsprechend erwähnt. Sollten Änderungswünsche bekannt sein, bitten wir Sie, mit dem Verlag in Kontakt zu treten.

Bilder die keinen Urheber vermerkt haben, wurden uns aus dem privaten Archiv von Denise Biellmann zur Verfügung gestellt.

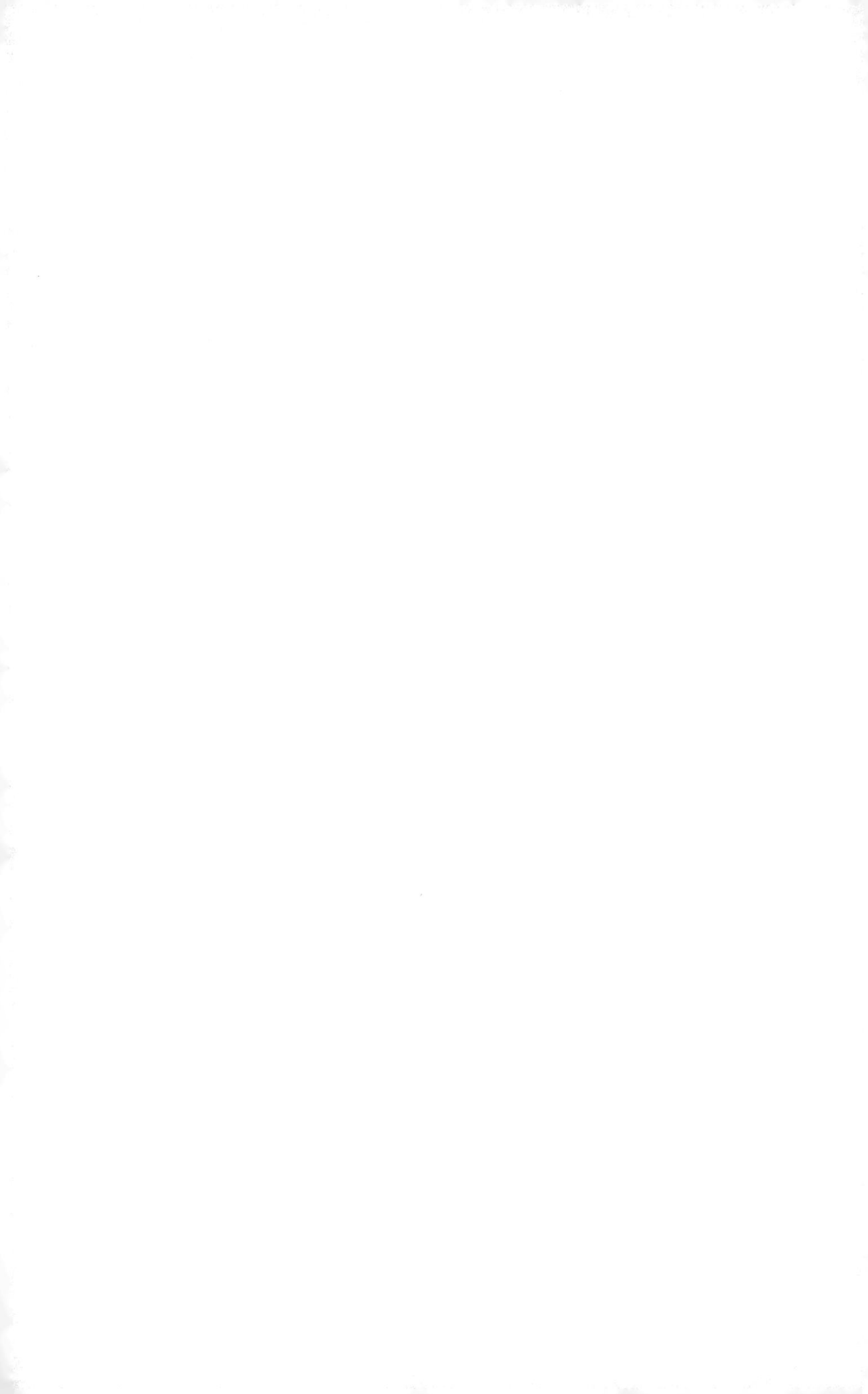

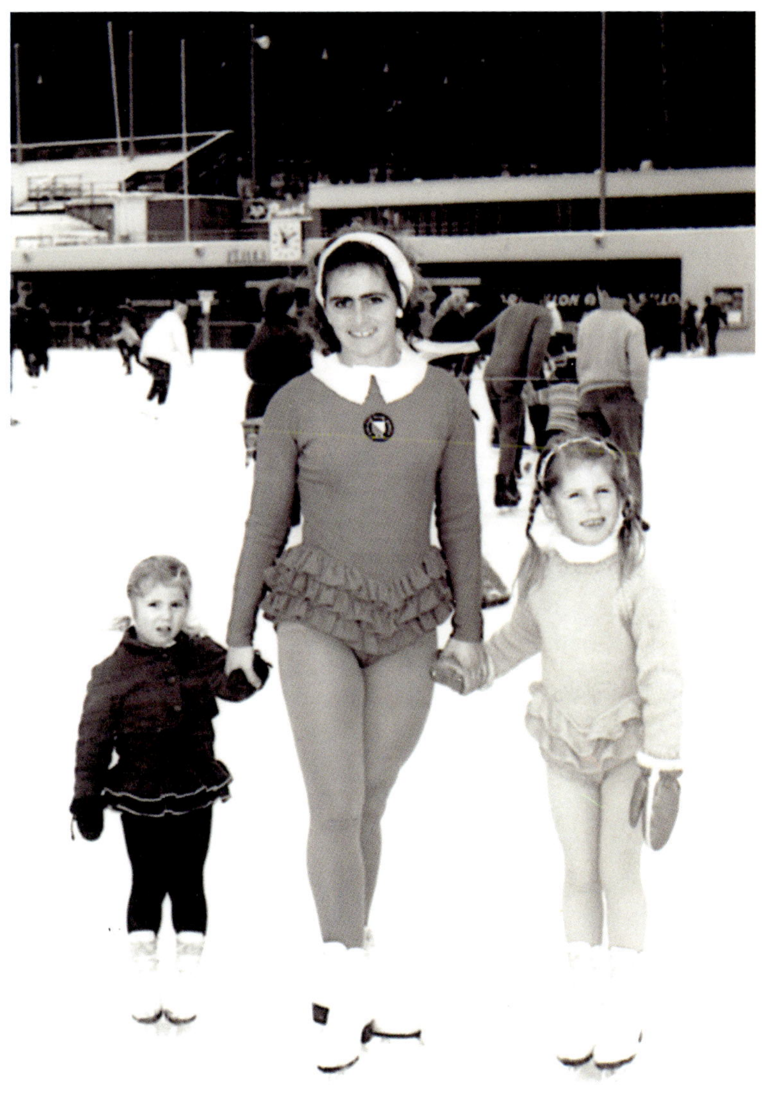

Jahr: 1966   Alter: 4 Jahre   Ort: Dolder Kunsteisbahn Zürich

Denise, Mami und Silvia (v.l.n.r.) auf dem Eis im Dolder

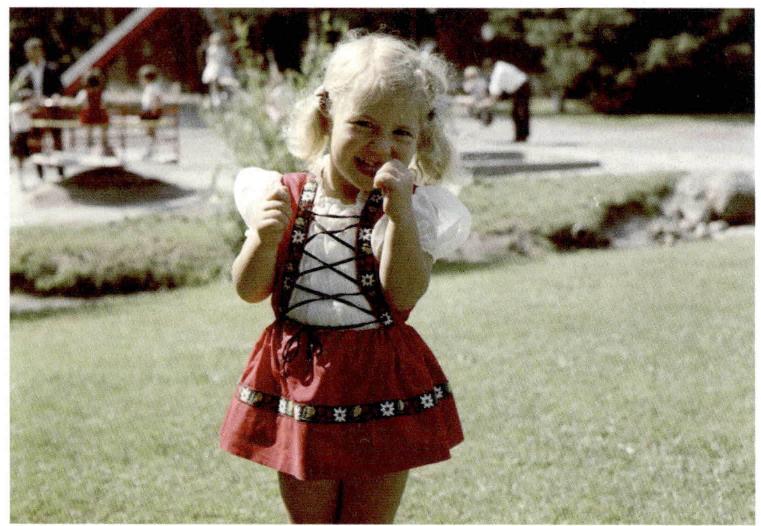

Jahr: 1966 Alter: 4 Jahre Ort: Rüschlikon

Denise im Park im Grünen

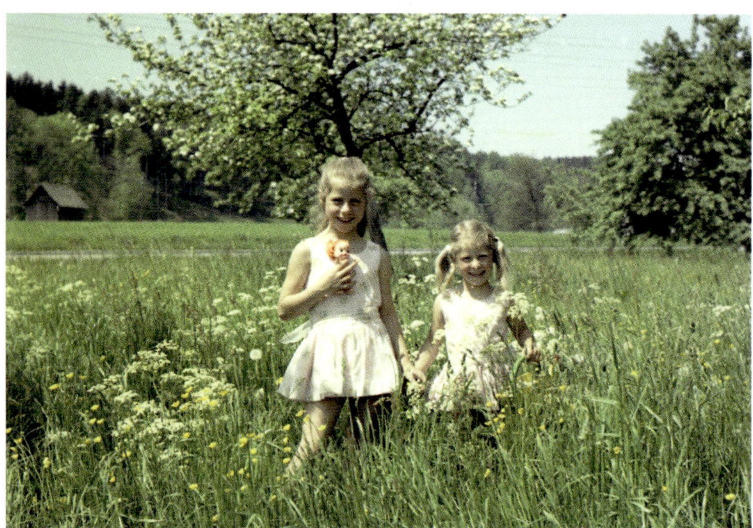

Jahr: 1966 Alter: 4 Jahre Ort: Rüschlikon

Auf der Wiese mit ihrer geliebten Schwester Silvia

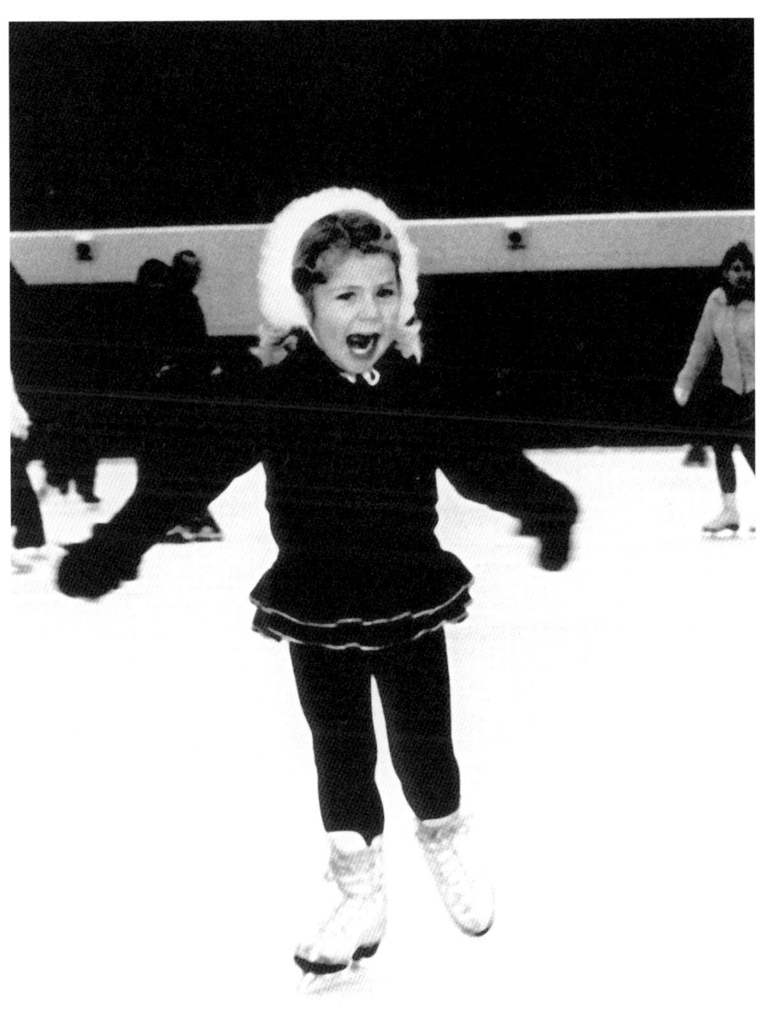

Jahr: 1967 Alter: 5 Jahre Ort: Dolder Kunsteisbahn Zürich

Klein Denise strahlt auf dem Eis

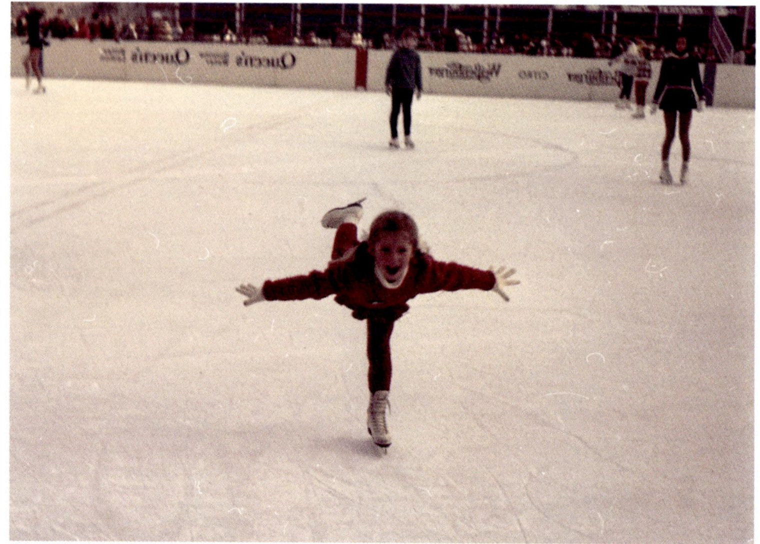

Jahr: 1967 Alter: 6 Jahre Ort: Dolder Kunsteisbahn Zürich

Denise im *Flugi*, beim «Sternli»-Test

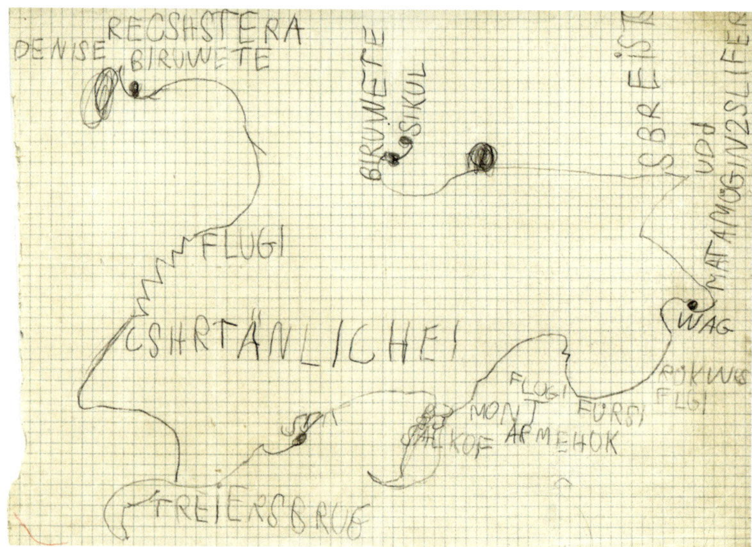

Jahr: 1969 Alter: 7 Jahre Ort: Witikon, Zürich

Denises erste Choreo-Zeichnung

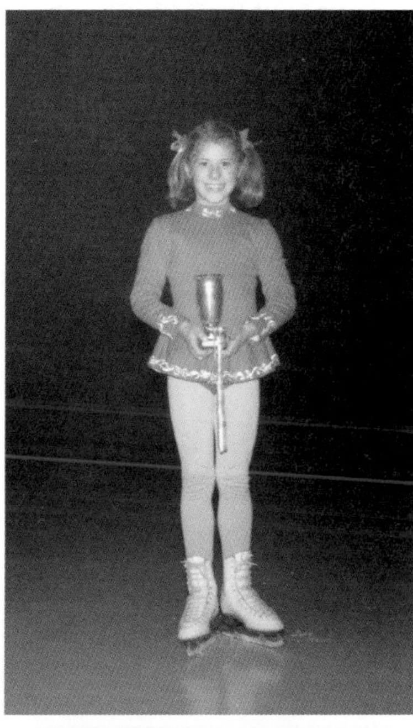

Jahr: 1970

Alter: 7 Jahre

Ort: Liege, Belgien

Denise mit ihrer ersten internationalen Trophäe, Goldmedaille

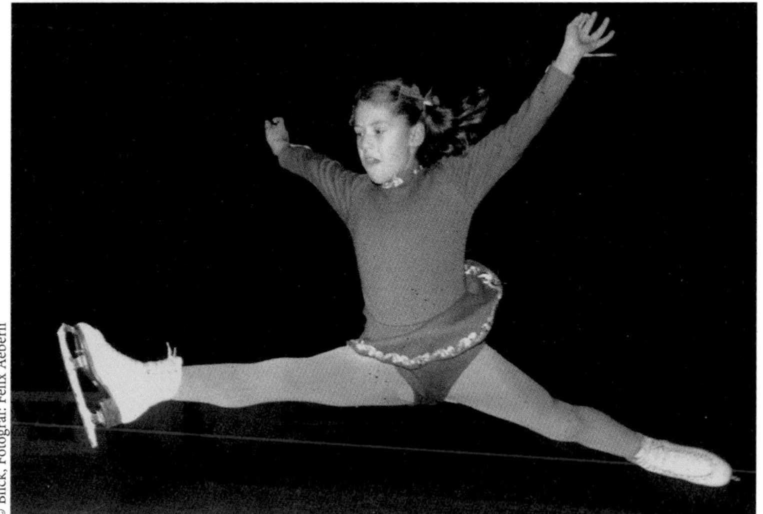

Jahr: 1971 Alter: 8 Jahre Ort: Hallenstadion Zürich

Denise bei ihrem großen Auftritt im Hallenstadion vor der Medaillen-Zeremonie der Europameisterschaften

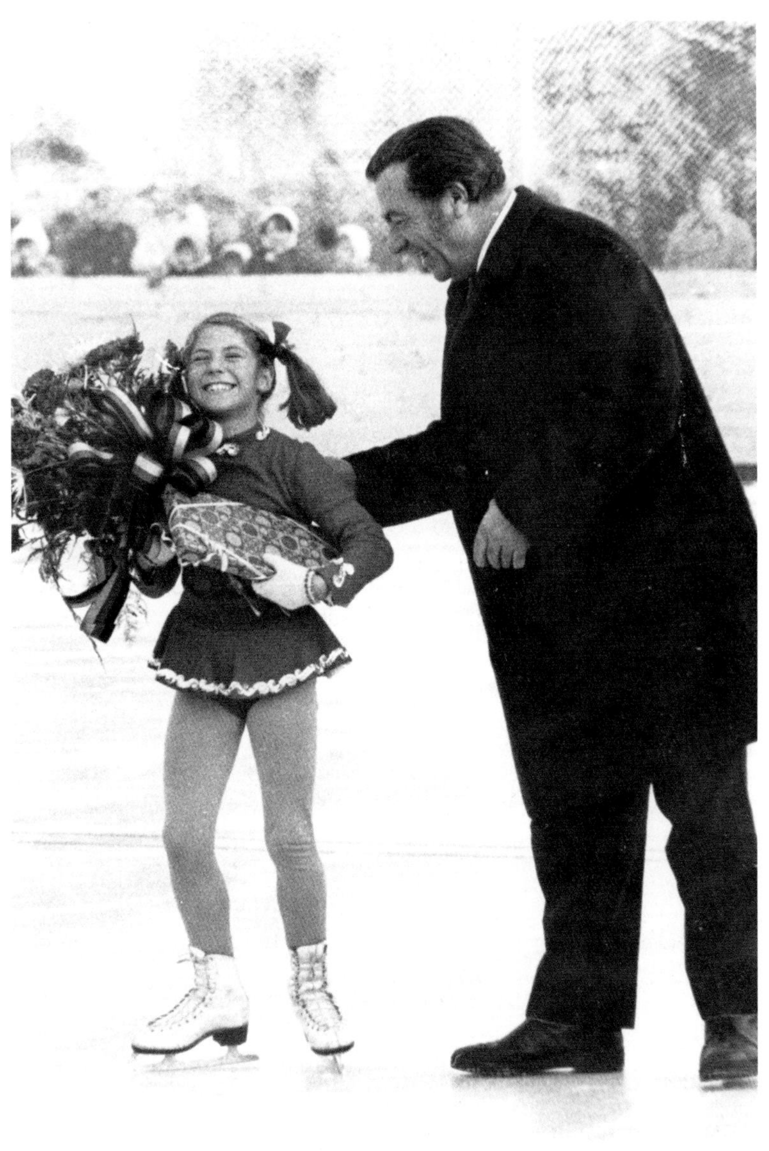

Jahr: 1971 Alter: 8 Jahre Ort: Wettingen

Pure Freude; Denise beim Schaulaufen in Wettingen

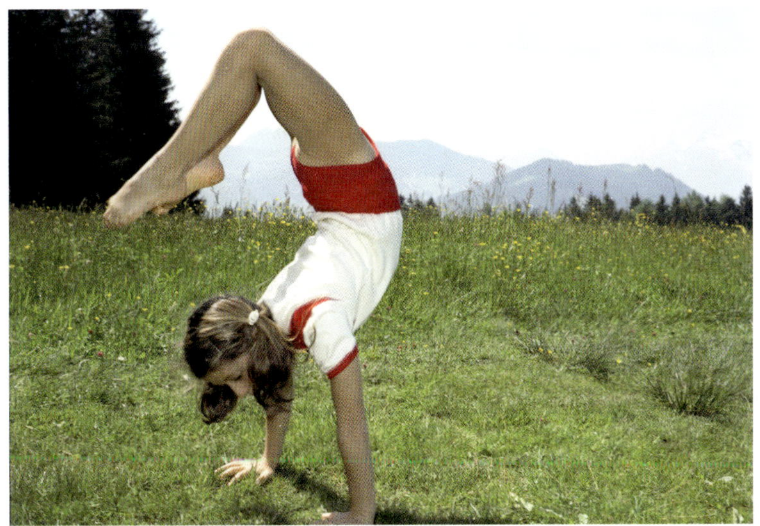

Jahr: 1972   Alter: 10 Jahre   Ort: Sattelegg

Denise bei der Akrobatik auf dem Sattel

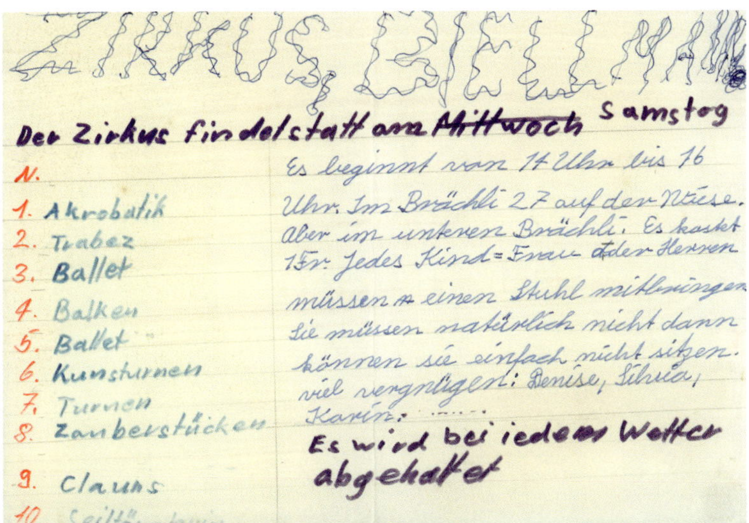

ZIRKUS BIELLMANN

Der Zirkus findet statt am ~~Mittwoch~~ Samstog

N.

1. Akrobatik
2. Trabez
3. Ballet
4. Balken
5. Ballet
6. Kunsturnen
7. Turnen
8. Zauberstücken
9. Clauns
10. [illegible]

Es beginnt von 14 Uhr bis 16 Uhr. Im Brächli 27 auf der Wiese. Aber im unteren Brächli. Es kostet 1 Fr. Jedes Kind = Frau oder Herren müssen einen Stuhl mitbringen Sie müssen natürlich nicht dann können sie einfach nicht sitzen. viel vergnügen: Denise, Silvia, Karin.

Es wird bei iedem Wetter abgehalten

Jahr: 1972   Alter: 9 Jahre   Ort: Witikon, Zürich

Denise und Silvia haben ihren eigenen Zirkus «Biellmann» aufgeführt und selbstgezeichnete Einladungen in die Briefkästen der Nachbarn verteilt.

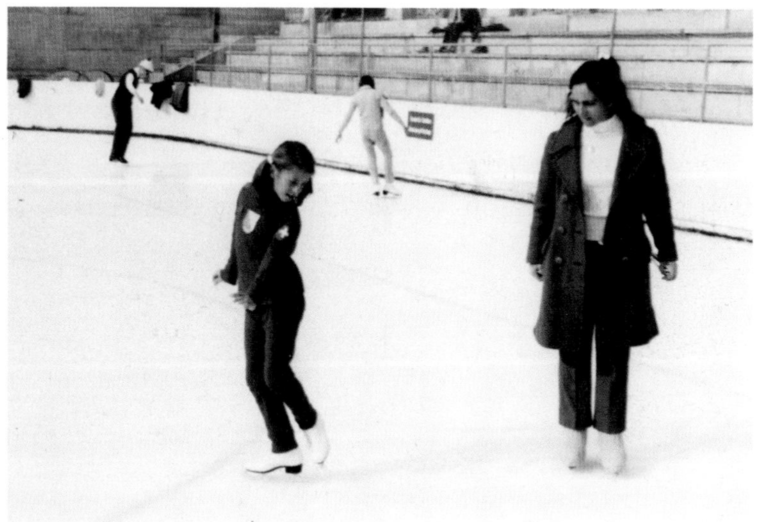

Jahr: 1972 Alter: 10 Jahre Ort: Adelboden

Mami übt mit Denise die Pflichtfiguren

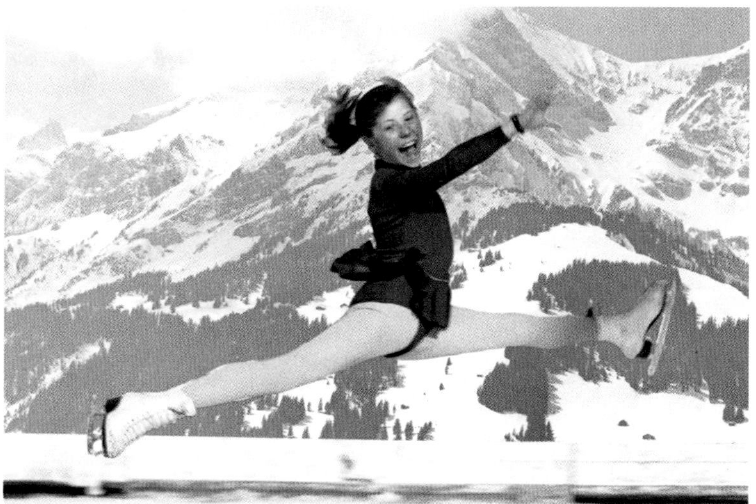

Jahr: 1972 Alter: 10 Jahre Ort: Adelboden

Spreiz-Sprung im Training

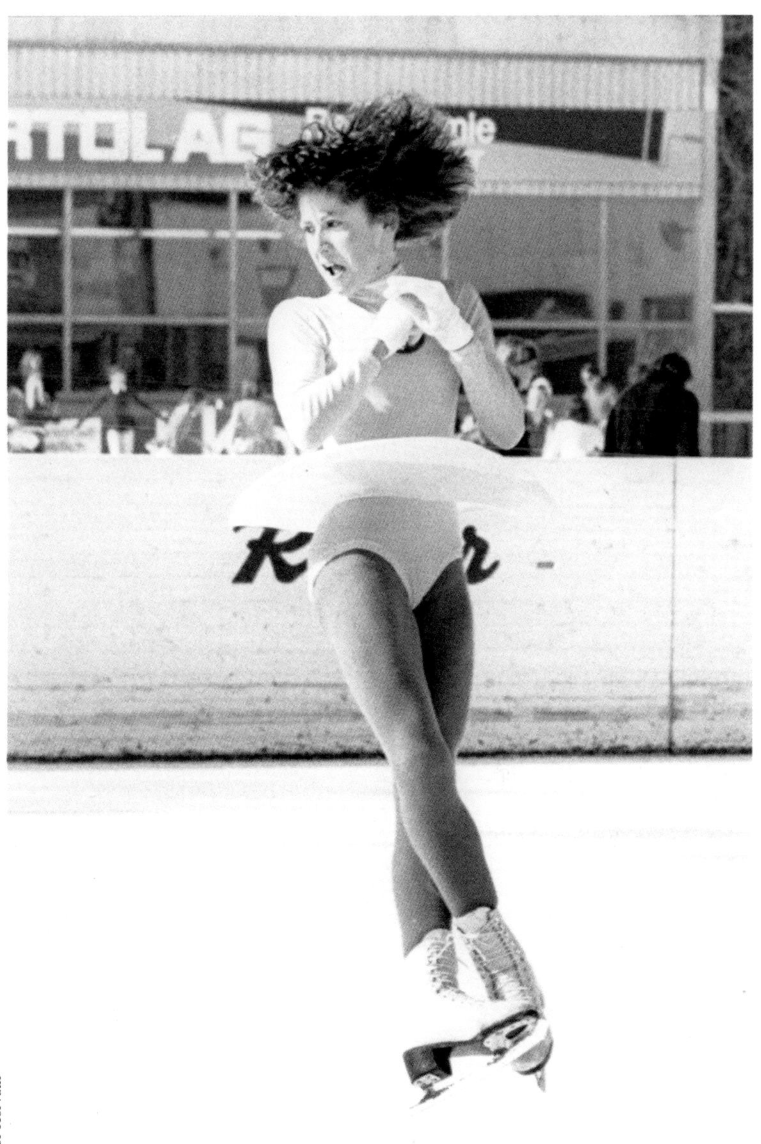

Jahr: 1975 Alter: 13 Jahre Ort: Dolder Kunsteisbahn Zürich

Höchste Anstrengung; Denise beim Üben des Dreifachen Lutz

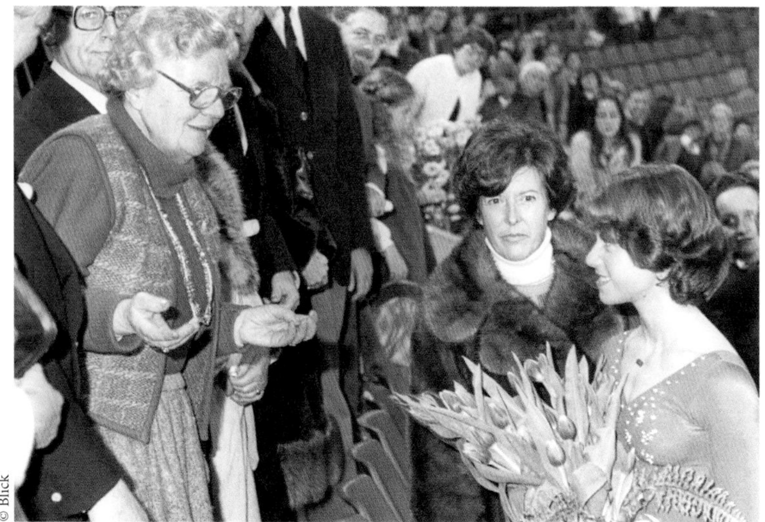

Jahr: 1978 Alter: 15 Jahre Ort: Den Haag, Niederlande

Beim «Enja Challenge Cup» wurde jeweils eine neu gezüchtete Tulpe nach der Gewinnerin benannt. Einen Strauß dieser Denise-Biellmann-Tulpen überreichte ihr 1978 niemand Geringeres als die damalige holländische Königin Juliana.

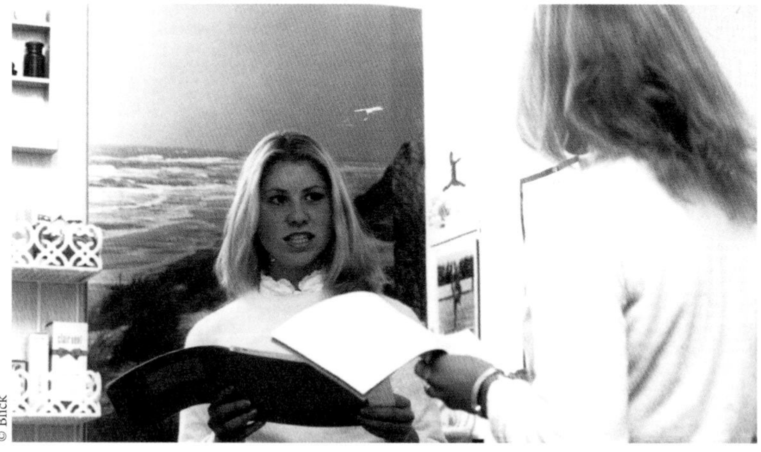

Jahr: 1980 Alter: 17 Jahre Ort: Witikon, Zürich

Denise bei Gesangsübungen zu Hause in ihrem Zimmer

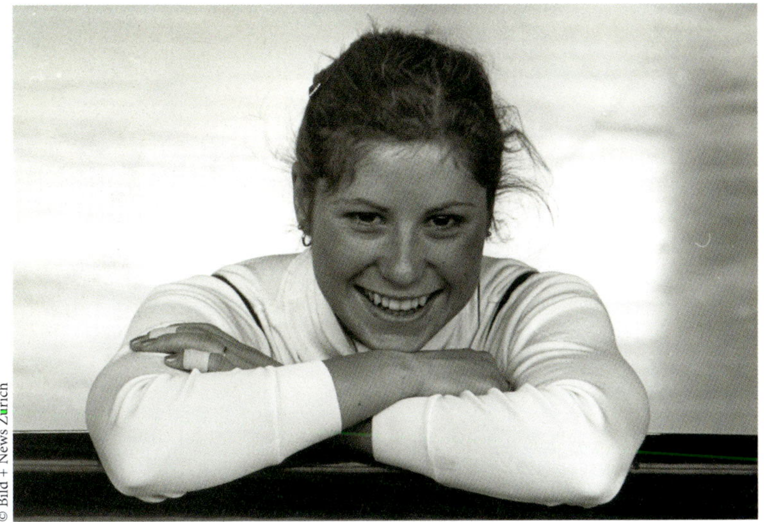

Jahr: 1981 Alter: 18 Jahre Ort: Hallenstadion Zürich

Denise im Training an der Bande; kurze Unterbrechung im Training für ein Lächeln in die Kamera

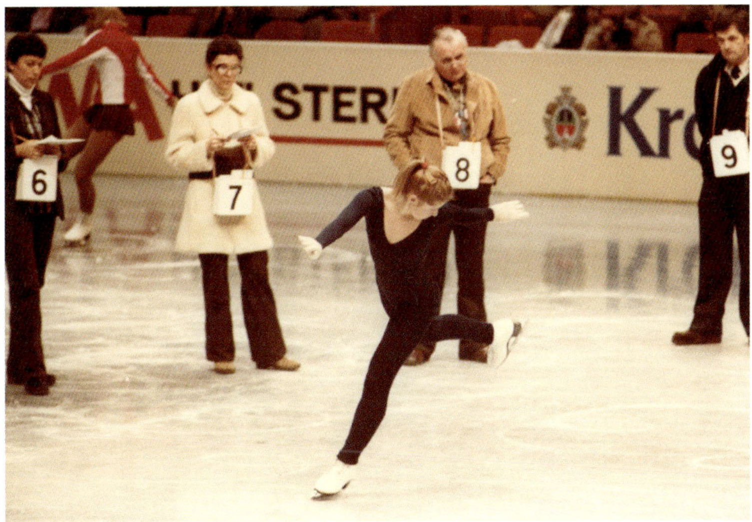

Jahr: 1981 Alter: 18 Jahre Ort: Hartford, USA

Denise bei den Pflichtfiguren an der Weltmeisterschaft in Hartford unter den wachsamen Augen der Preisrichter

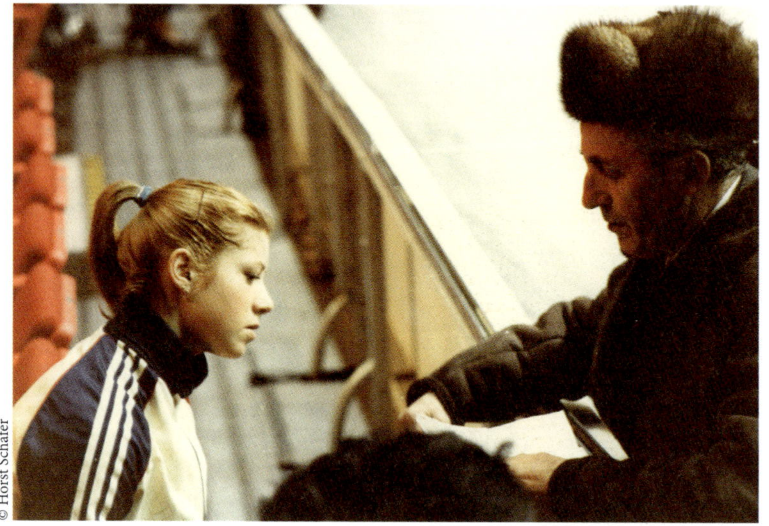

Jahr: 1981 Alter: 18 Jahre Ort: Hartford, USA

Denise konzentriert, mit ihrem Trainer Otto Hügin während dem Training an der Weltmeisterschaft

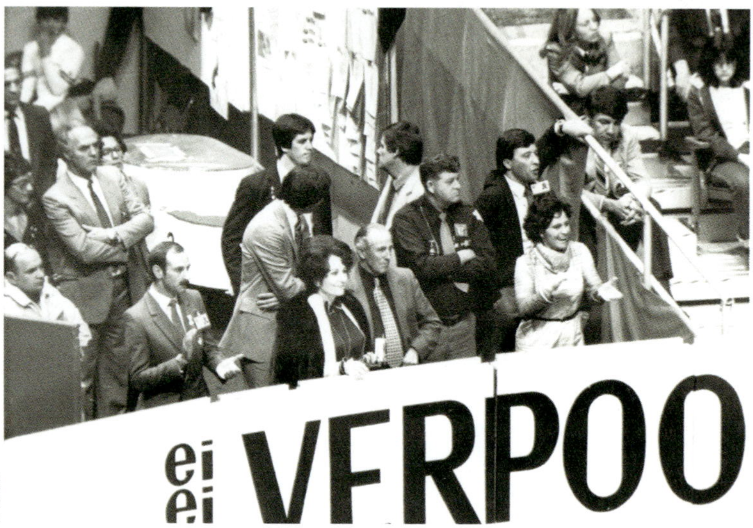

Jahr: 1981 Alter: 18 Jahre Ort: Hartford, USA

Frau Friebe / Otto Hügin / Mami und der damalige SEV-Präsident Roland Wehinger während Denises WM Kür 1981 – ein Fotograf hatte den Auftrag bekommen, ihre Mutter während ihrer Kür zu fotografieren

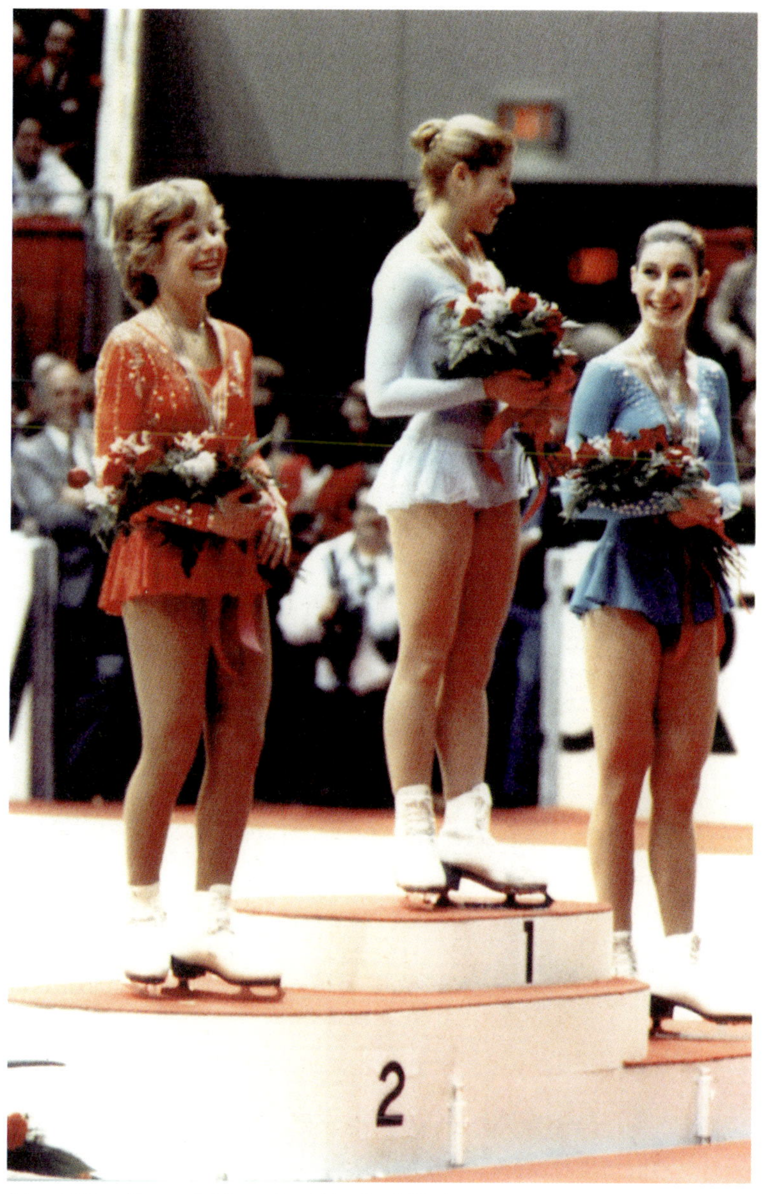

Jahr: 1981   Alter: 18 Jahre   Ort: Hartford, USA

Denise ist Weltmeisterin – hier bei der Siegerehrung

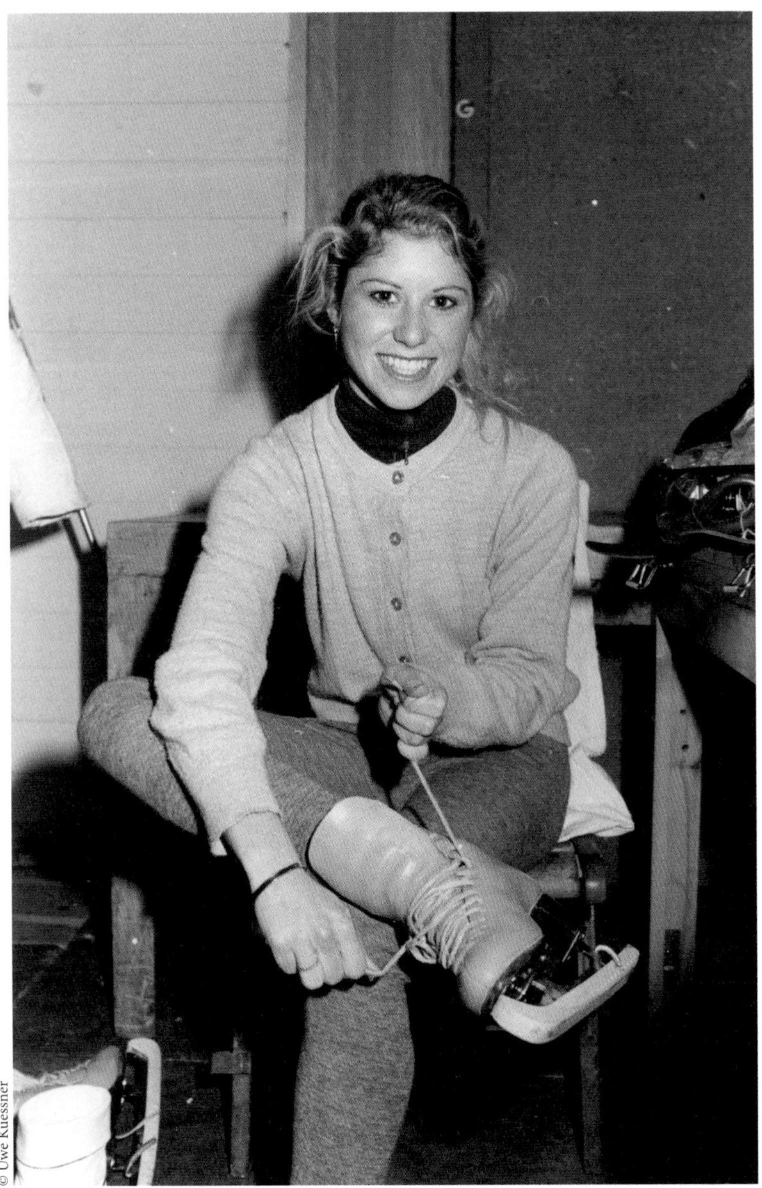

Jahr: 1981 Alter: 18 Jahre Ort: Wien, Österreich

Denises Garderobe bei «Holiday On Ice»

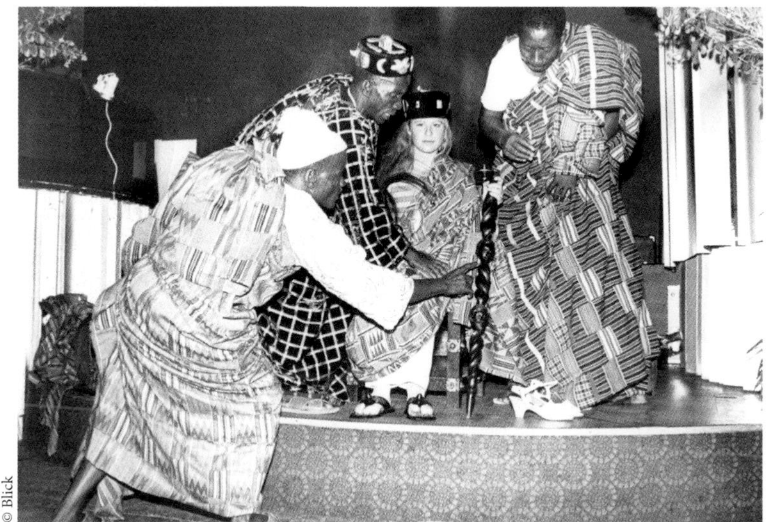

Jahr: 1981 Alter: 18 Jahre Ort: Abidjan, Elfenbeinküste

Denise bei der Zeremonie, während der sie zum Ehrenhäuptling ernannt wurde

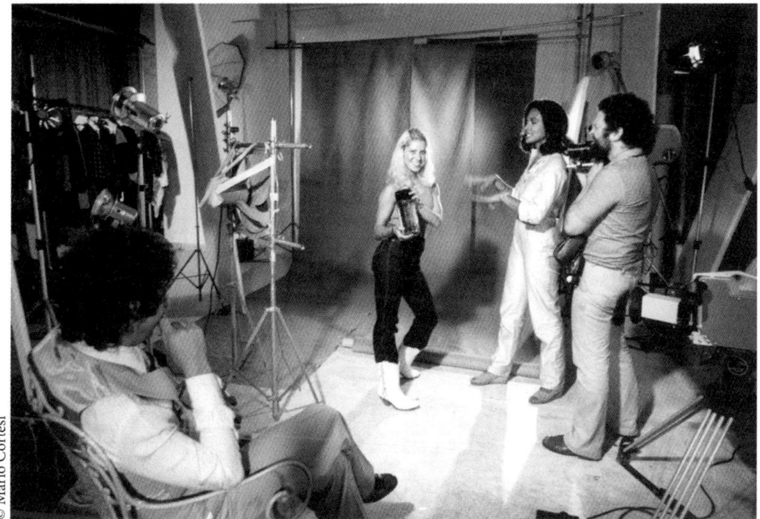

Jahr: 1981 Alter: 18 Jahre Ort: Zürich

Denise bei einem Dreh mit einem amerikanischen und Cortesis Filmteam für «Ein amerikanischer Traum»

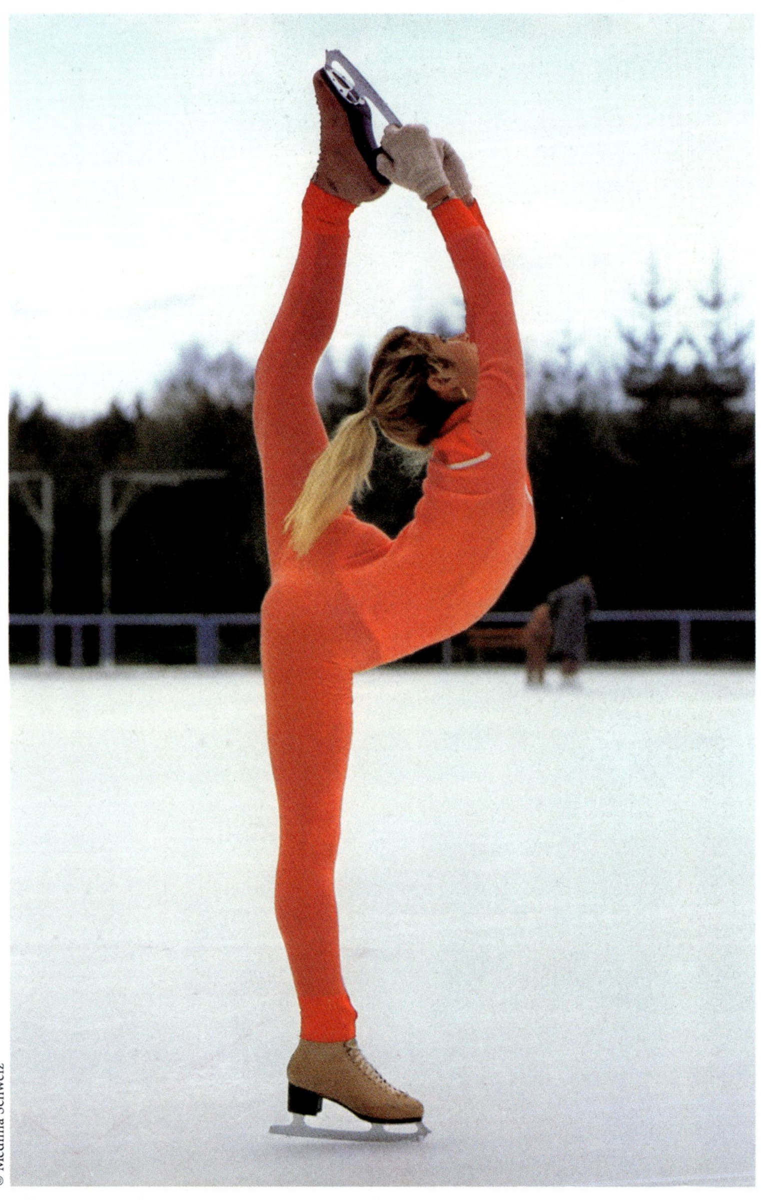

Jahr: 1981 Alter: 18 Jahre Ort: Zürich

Denise bei der nach ihr benannten Biellmann-Pirouette und bei den Proben für ein Werbe-Shooting nach ihrem WM-Sieg

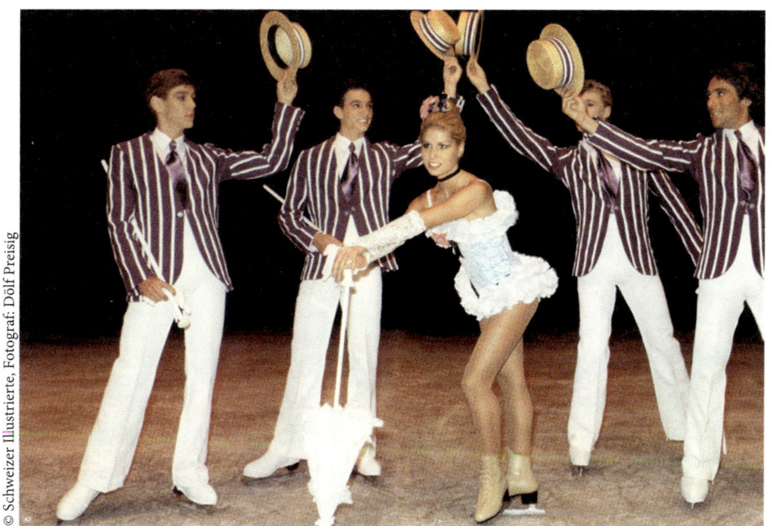

Jahr: 1981 Alter: 18 Jahre Ort: München, Deutschland

Denise mit den *Boys*, welche sie bei «Holiday on Ice» für ihren Auftritt begleiteten

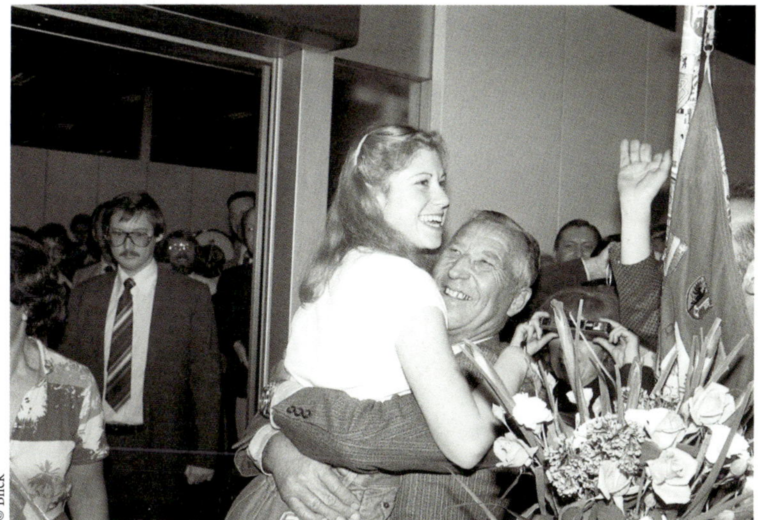

Jahr: 1981 Alter: 18 Jahre Ort: Flughafen Zürich

Stolzer Papi; bei der Ankunft in Kloten nach dem Weltmeistertitel in Hartford

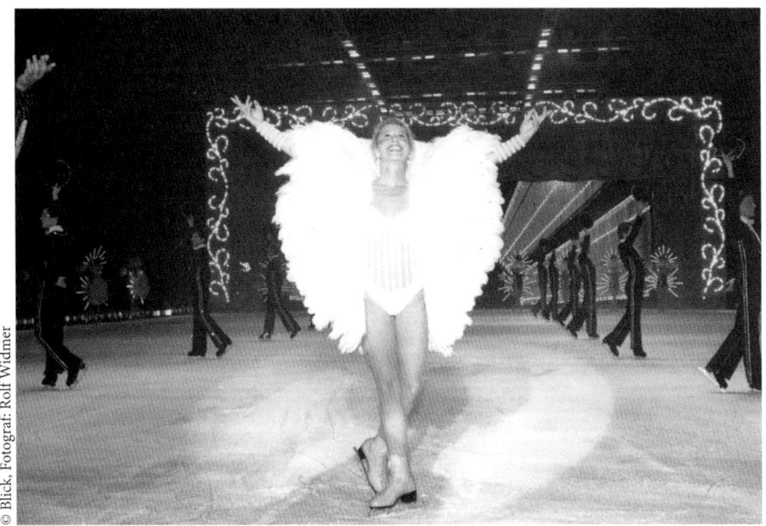

© Blick, Fotograf: Rolf Widmer

Jahr: 1981 Alter: 18 Jahre Ort: Frankfurt, Deutschland

Denise beim Finale von «Holiday on Ice», wo sie der große Star der Eisrevue war

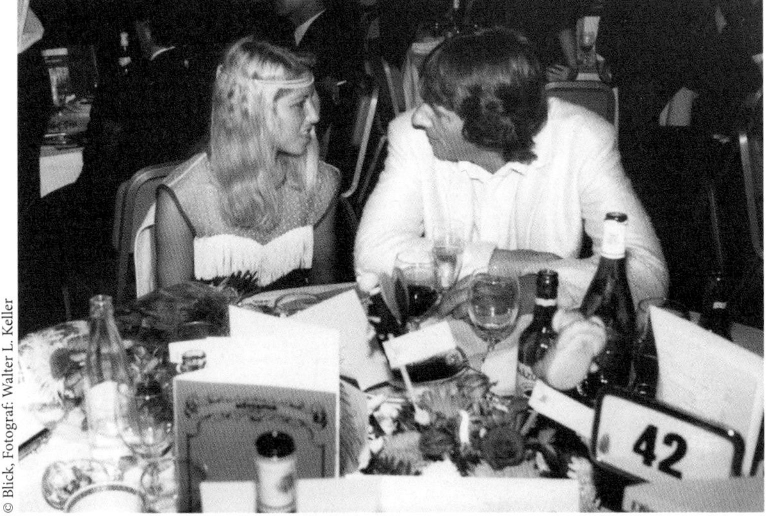

© Blick, Fotograf: Walter L. Keller

Jahr: 1981 Alter: 18 Jahre Ort: Zürich

Denise an der Sport-Gala mit Udo Jürgens

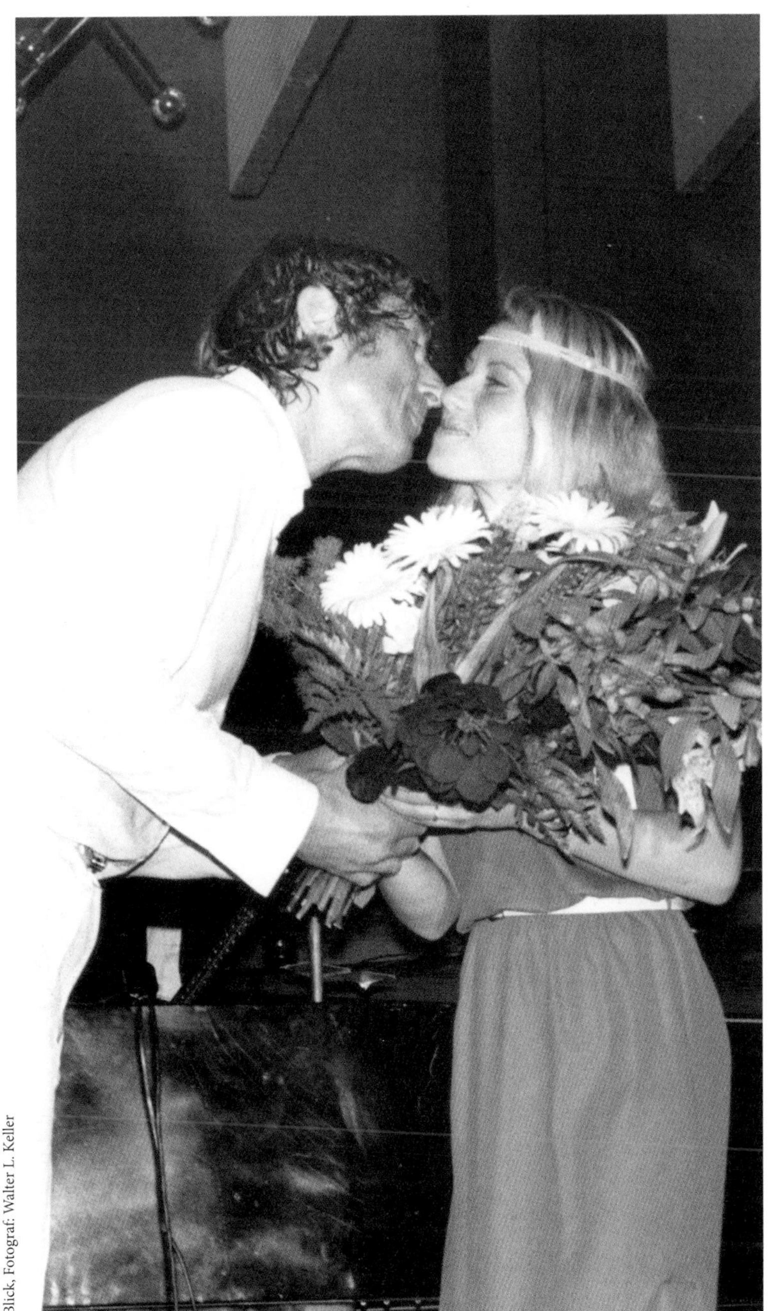

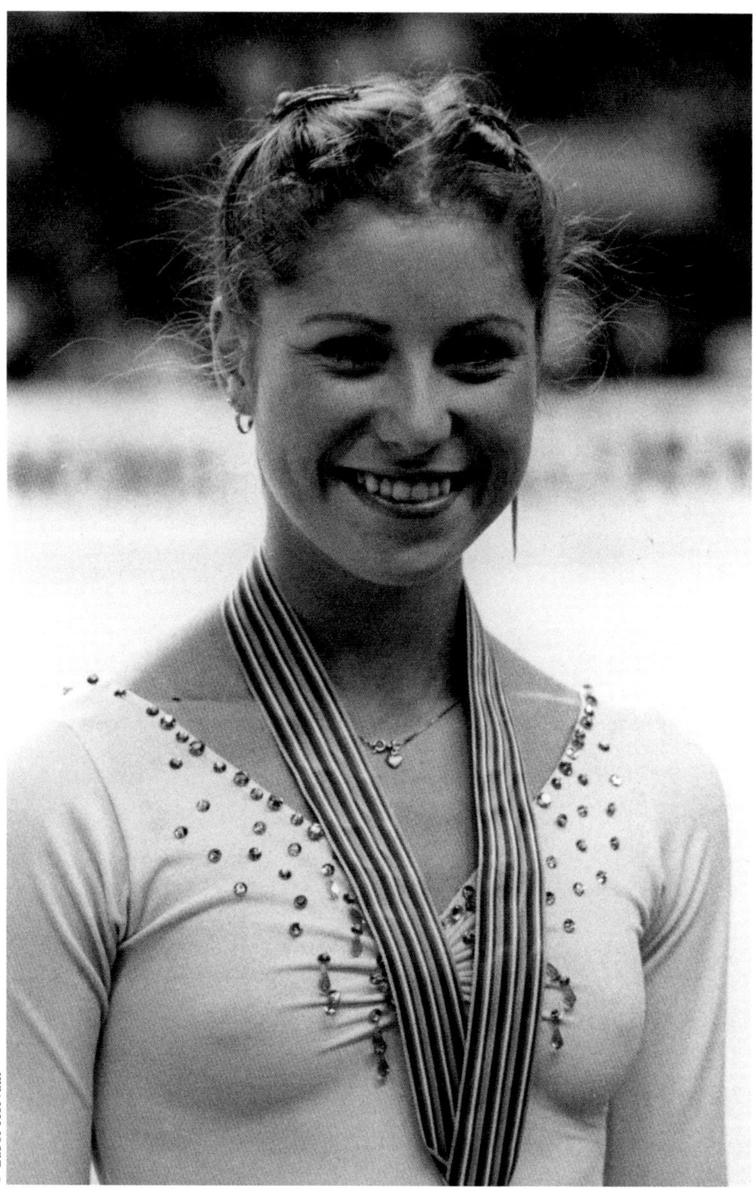

Jahr: 1981 Alter: 18 Jahre Ort: Innsbruck, Österreich

Denise ist Europameisterin

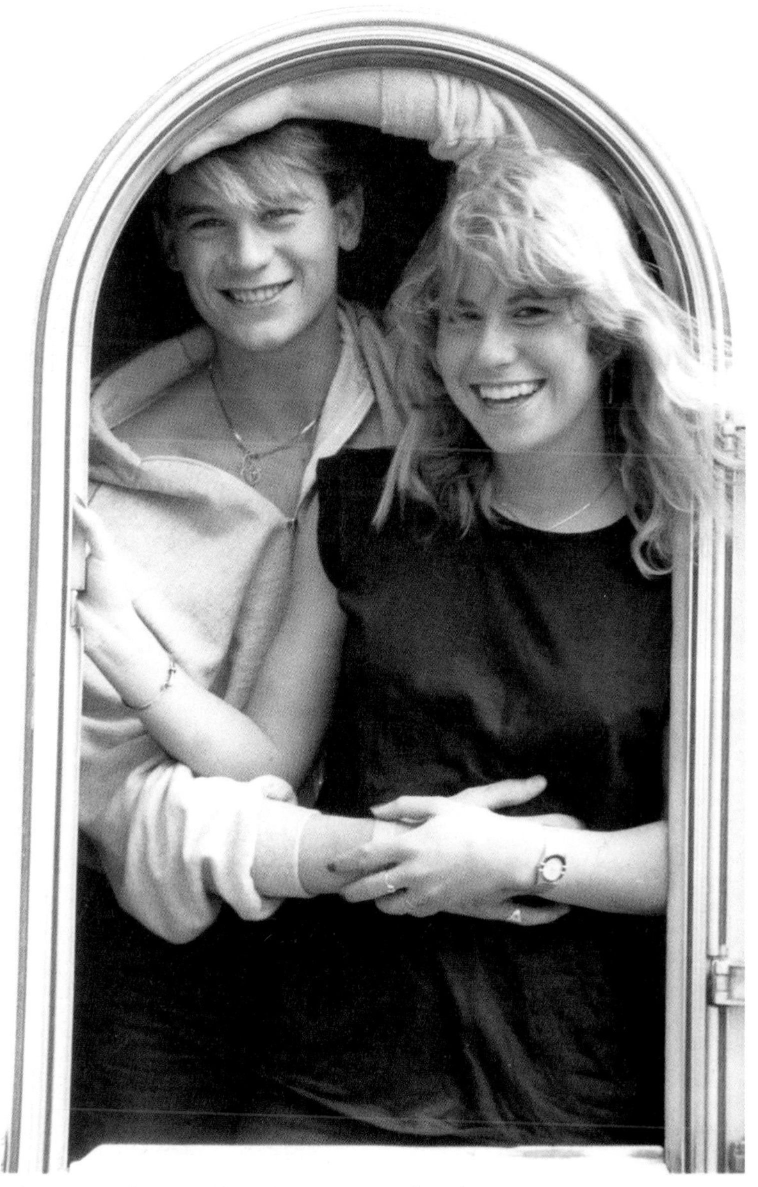

Jahr: 1982 Alter: 19 Jahre Ort: Paris, Frankreich

Denise und Colin im Wohnwagen; Journalisten machten Druck, die Ersten zu sein – endlich willigten sie für eine Aufnahme ein

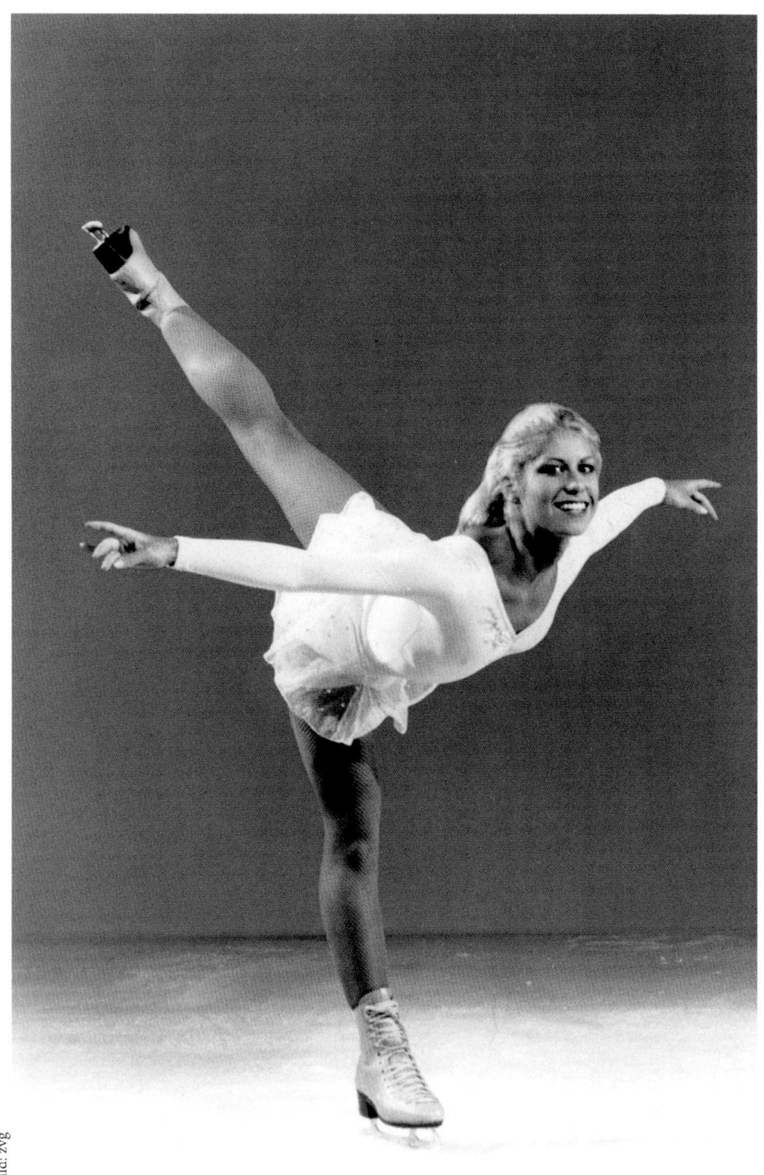

Bild: zvg

Jahr: 1982 Alter: 19 Jahre Ort: Bern

Denise bei einem ihrer zahlreichen Shootings

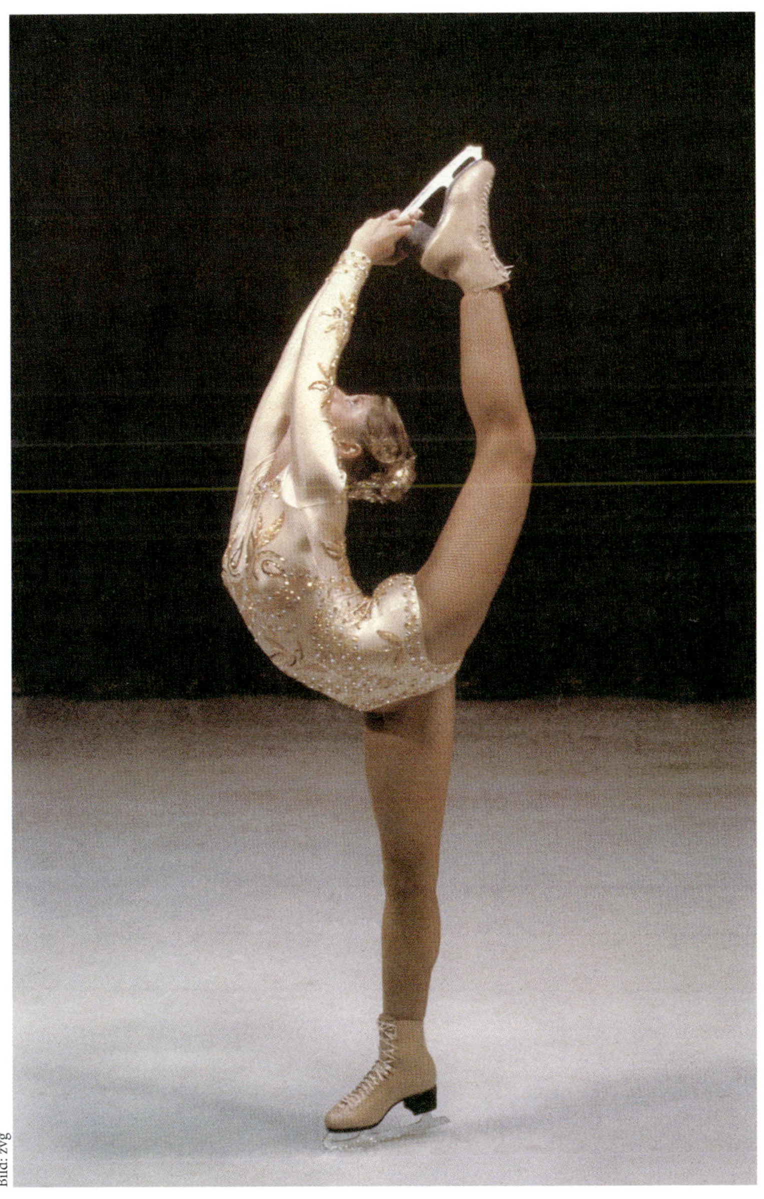

Bild: zvg

Jahr: 1982 Alter: 19 Jahre Ort: Bern

Denise; die Biellmann-Pirouette

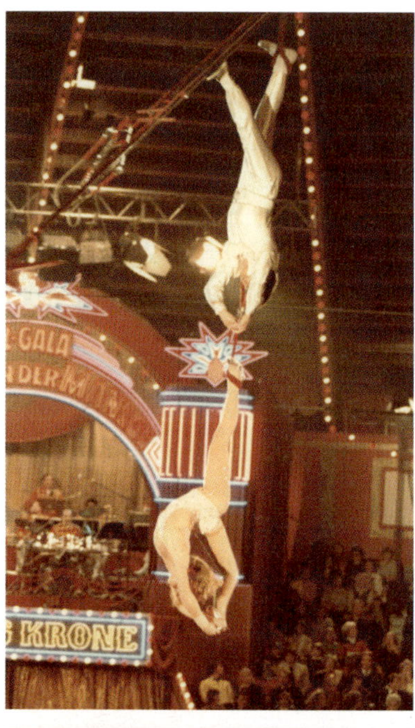

Jahr: 1983

Alter: 21 Jahre

Ort: München, Deutschland

Denise bei der deutschen TV-Show «Stars in der Manege», Biellmann-Pirouette auf dem Kopf

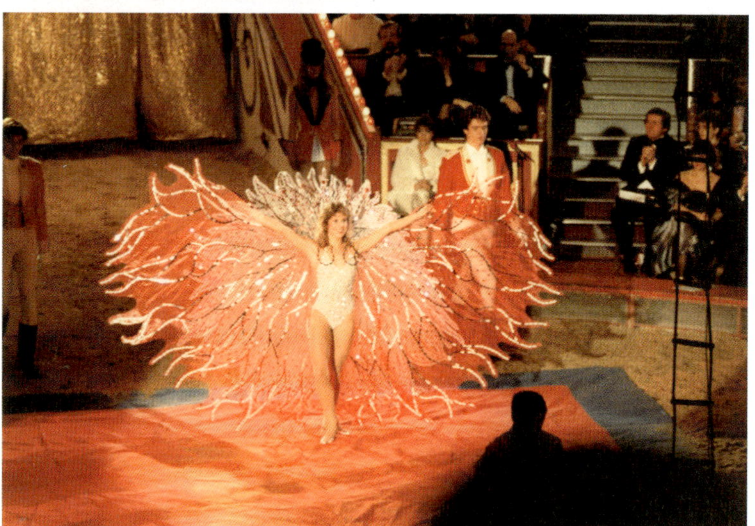

Jahr: 1983 Alter: 21 Jahre Ort: München, Deutschland

Denise bei der deutschen TV-Show «Stars in der Manege», Auftritt mit Cape

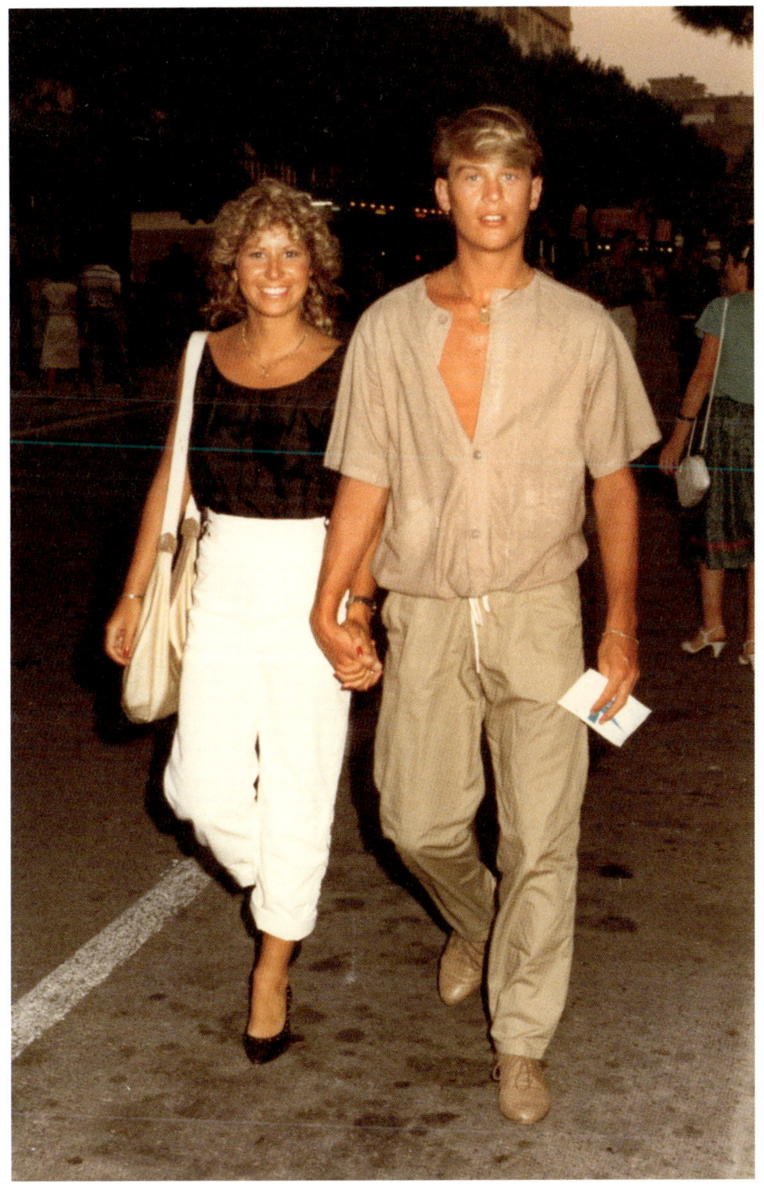

Jahr: 1985 Alter: 23 Jahre Ort: Jesolo, Italien

Denise und Colin in den Ferien in Cavallino

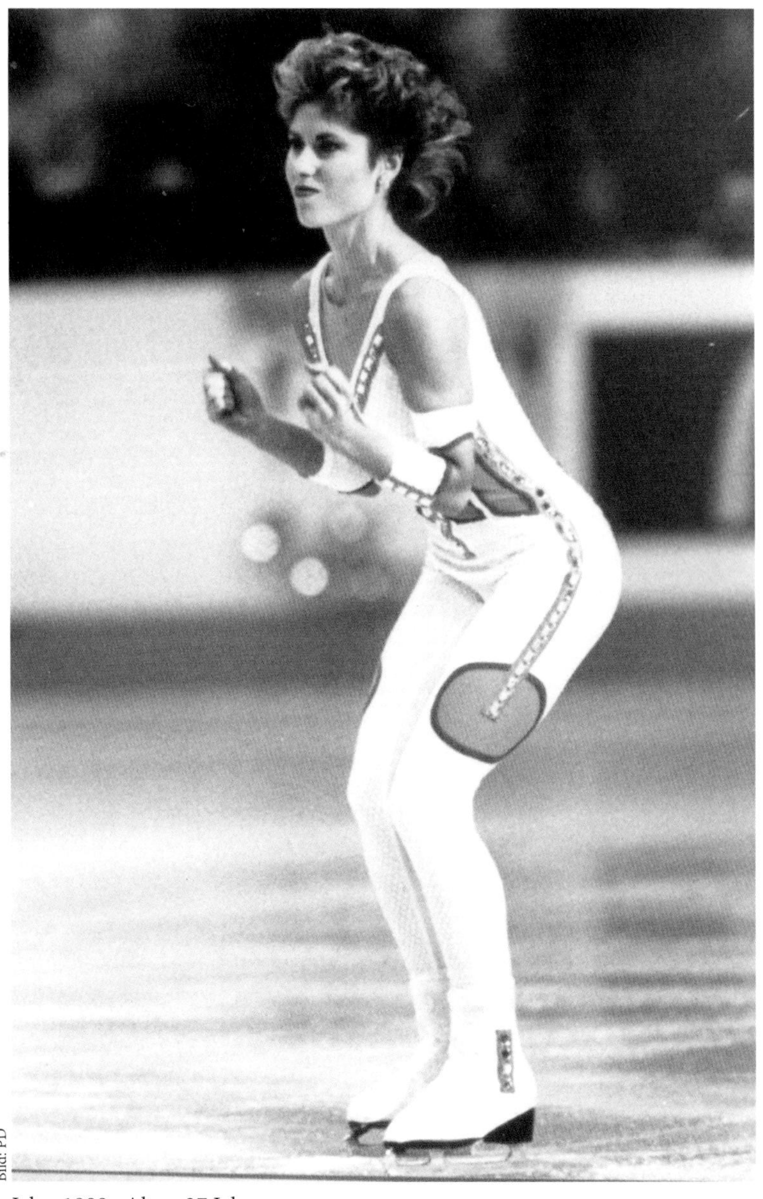

Bild: PD

Jahr: 1989 Alter: 27 Jahre

Bei Denise geht es ab auf dem Eis; Denise bei einer ihrer ausgefallenen Shownummern

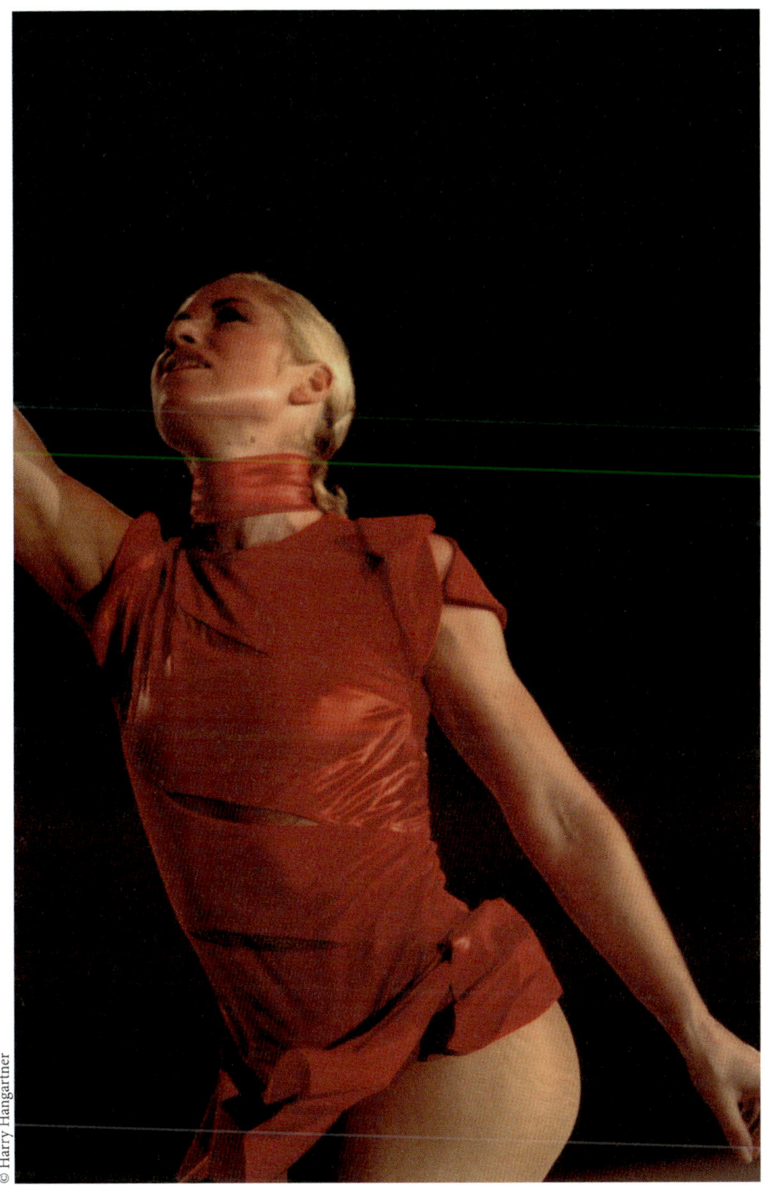

Jahr: 1999 Alter: 36 Jahre Ort: Zürich

Denise bei einem ausdrucksstarken Auftritt im «Art on Ice»

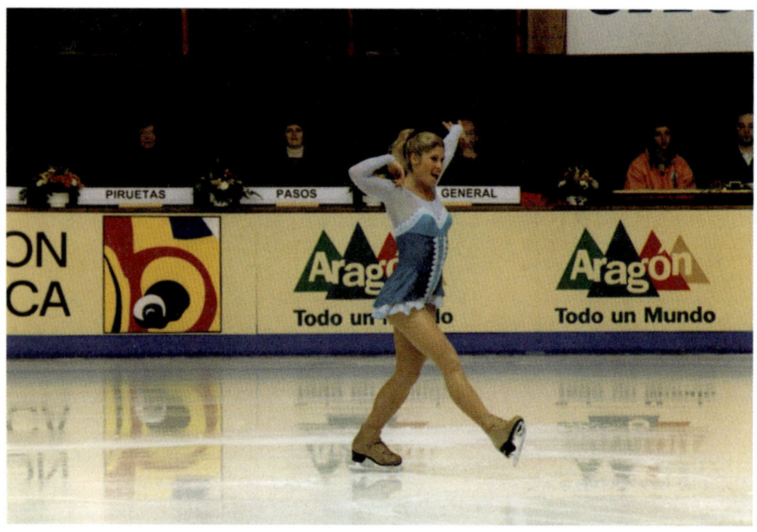

Jahr: 1998 Alter: 35 Jahre Ort: Jaca, Spanien

Denise bei den Profiweltmeisterschaften

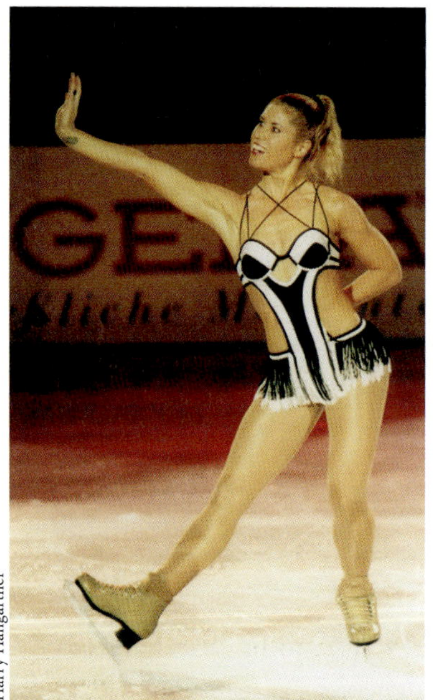

Jahr: 2000

Alter: 37 Jahre

Ort: Hallenstadion Zürich

Auftritt bei «Art on Ice» im Hallenstadion Zürich

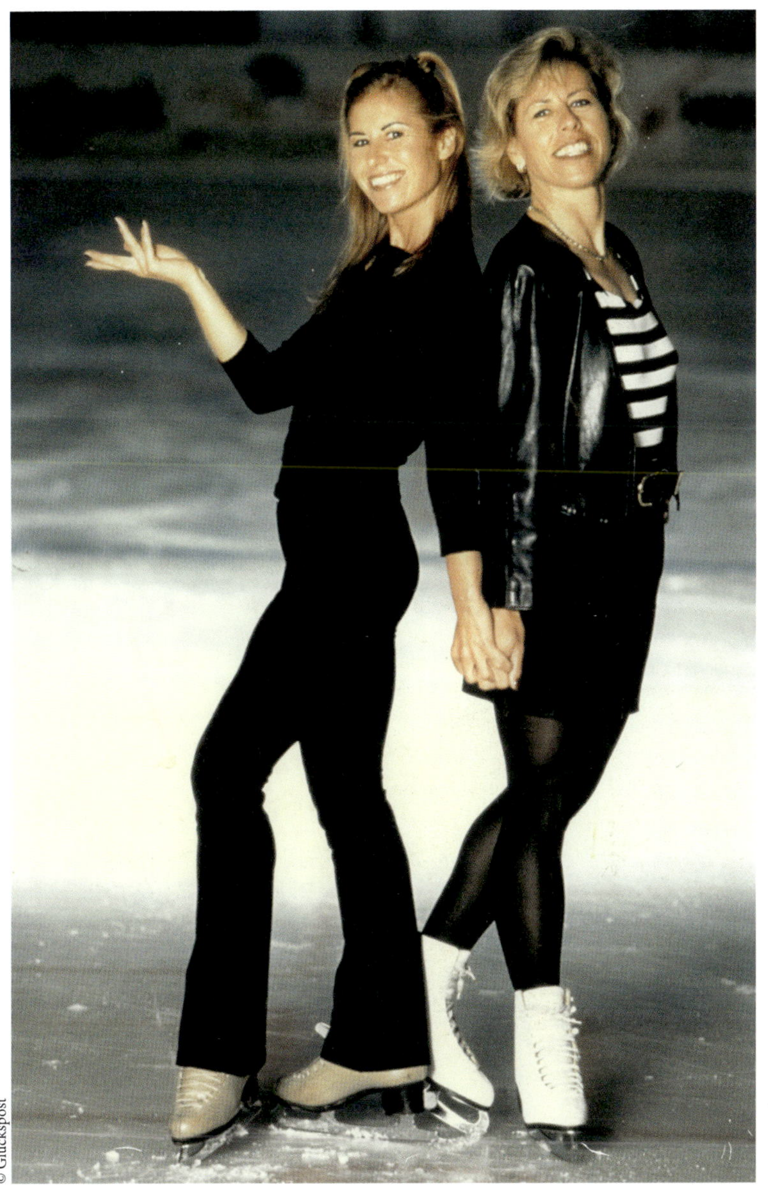

Jahr: 2000 Alter: 37 Jahre Ort: Zürich

Denise mit Schwester Silvia bei einem Shooting auf dem Eis

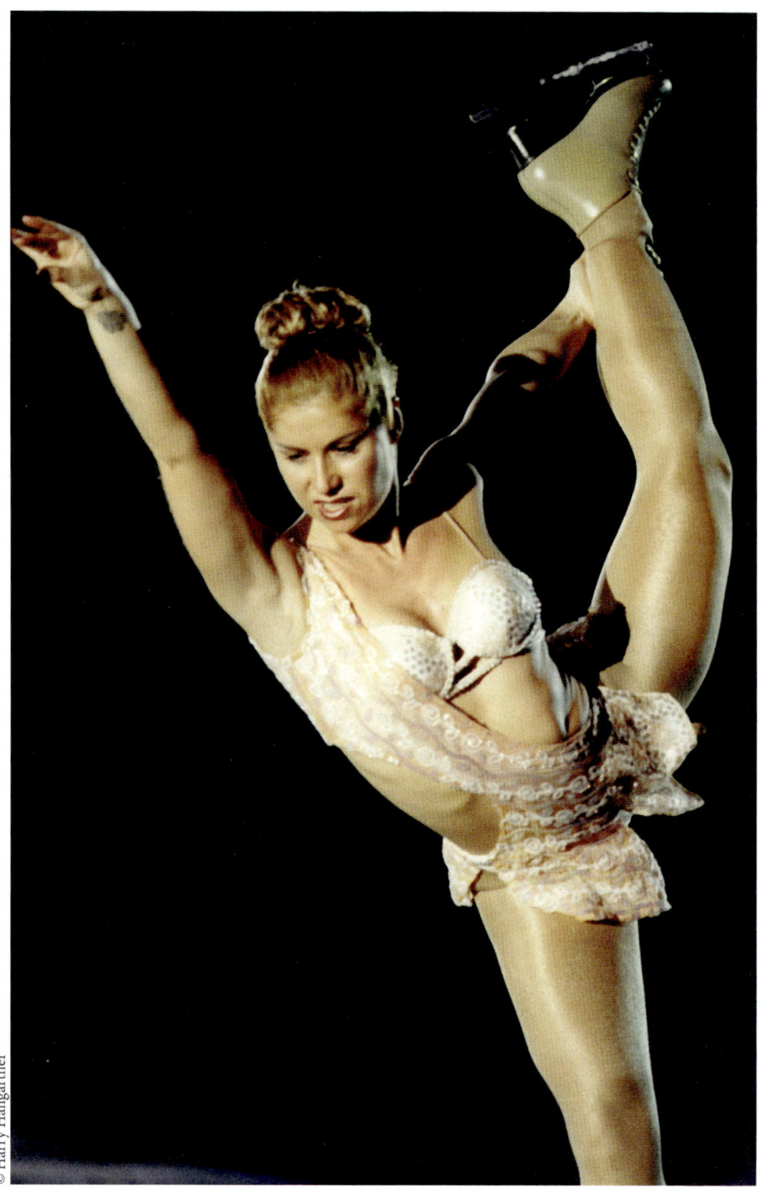

Jahr: 2000 Alter: 37 Jahre Ort: Hallenstadion Zürich

Auftritt bei «Art on Ice» im Hallenstadion Zürich

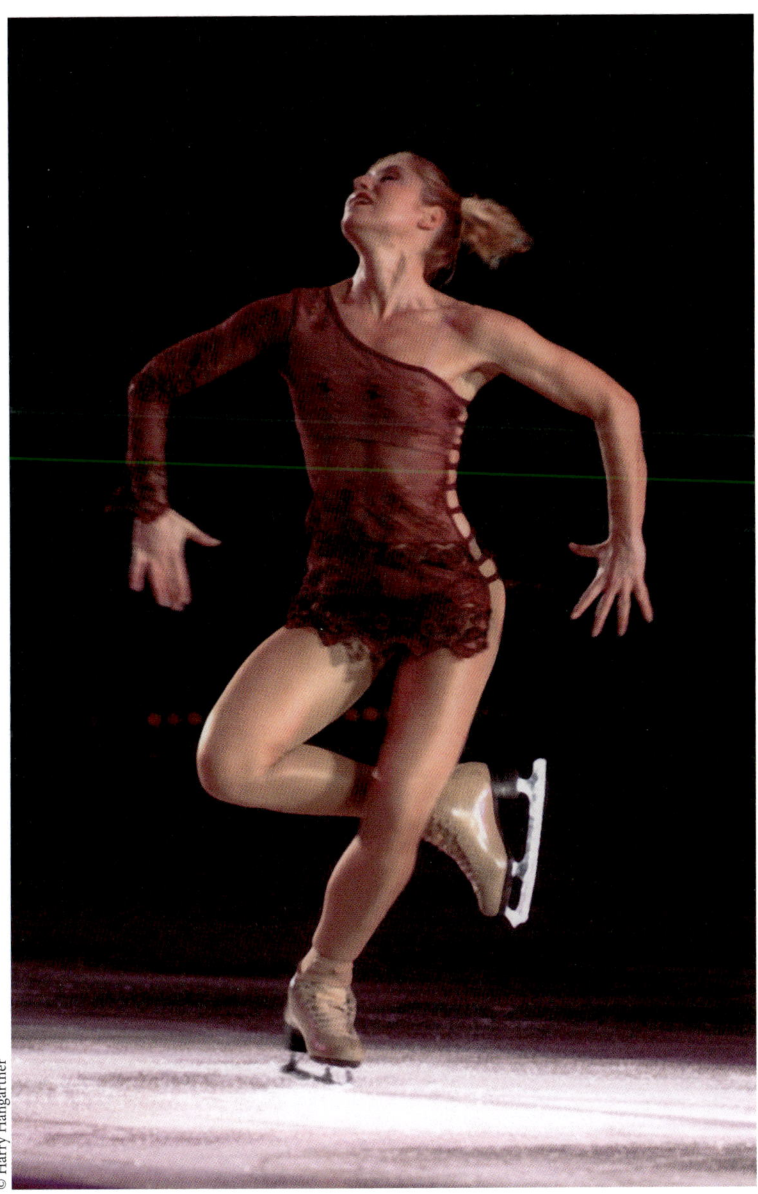

Jahr: 2003 Alter: 40 Jahre Ort: Hallenstadion Zürich

Auftritt bei «Art on Ice» im Hallenstadion Zürich

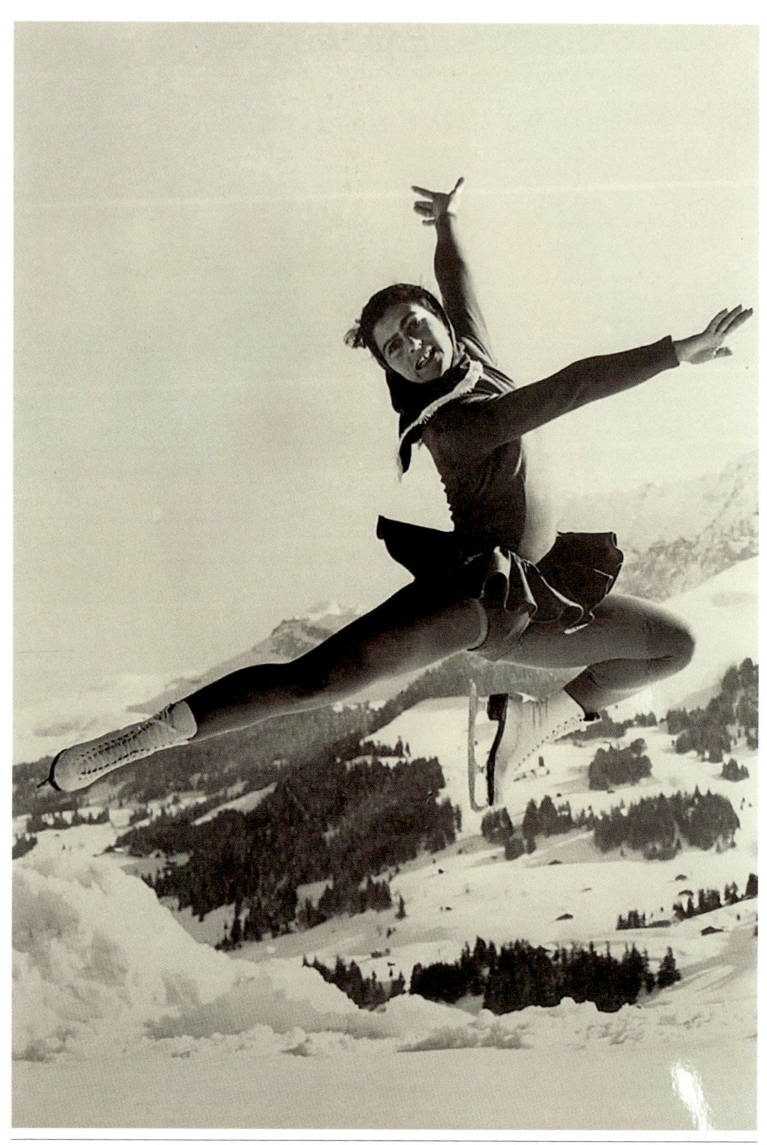

Mami bei ihrem Training als junge Frau